ーズ

マンゴー

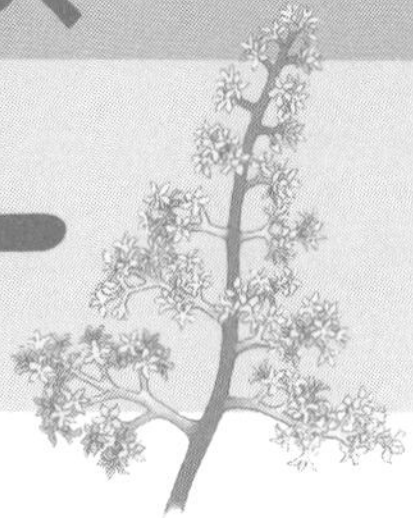

完熟果栽培の実際

米本仁巳＝著

農文協

まえがき

強い甘みと香りが人気のアーウィンマンゴーは、高価な国産品が贈答用として流通し、年間四〇億円を超える品目となっている（主産地は沖縄、宮崎）。また、輸入品も増えつづけており、二〇〇六（平成十八）年は過去最高の輸入量・金額（一万二三八三t、四九億円）となった（東京税関）。

これら輸入品は植物防疫上の処理が必要なことと、輸送に時間がかかることから、未熟な状態で収穫されることが多く、消費者に果実本来のおいしさが届けられていなかった。しかし近年オーストラリア、台湾、タイから適熟収穫した果実の輸入も始まっている。国産品と同等のおいしさをもちながら、値段は半額のため、国産品を脅かす存在となりつつある。しかしこうした動きは、マンゴーの消費人口を増やしつつ、国産品のうまさを差別化してアピールできるチャンスでもある。

わが国で栽培されているのはアーウィンという品種で、世界中に一〇〇〇種以上あるさまざまな品種のおいしさは日本ではまだほとんど知られていない。著者はここに今後のマンゴー生産の面白さがあると考えている。宅配システムの整った日本だからこそ、いろいろな品種を有利に産直販売できるからである。また、ほとんどの品種は収穫から一週間ほどで食べごろになり、それほど日持ちしない点からも国産が適している。

マンゴーは冬季の最低気温を五℃程度以上に保てればどこででも栽培できる。ほかの温帯果樹などと比べても、せん定など管理技術はそれほど難しくない。加温燃料価格が高騰している近年、ハウスミカン栽培に比べて少量の暖房で栽培できて、高価格販売できるマンゴーは魅力的でもある。従来の施設野菜や施設果樹の転換作目としても注目されている。

本書では熱帯果樹でいまもっとも注目され、栽培も需要も増えているマンゴー栽培の基本から、経営、加工調理まで解説した。この手引き書を参考にすれば、ある程度のレベルのマンゴー栽培は可能だと思っている。なぜなら、定年退職したサラリーマンや大工さんが著者の指導で小さな簡易ビニルハウスでマンゴー栽培に挑戦し、立派な果実を生産できたからである。このように、まったく農業と関係ない分野の人でも、マンゴー栽培は可能である。これからマンゴー栽培を行ないたいと夢を描いている方のための手引きとして、本書がお役に立てれば幸いである。

二〇〇七年十一月

米本仁巳

目次

第2章　マンゴーとは？　33

第3章　品種の特性と生かし方　69

第6章　マンゴーの料理、利用法　179

第1章　マンゴーの魅力

――食べる愉しみ、つくる楽しみ

1　独特の果実のおいしさ

(1) 頬が落ちるような完熟果実の甘みと香り

写真１　化粧箱入りの贈答用マンゴー

国産の完熟マンゴーは熟すと果皮に油膜状のものが現われ、何ともいえぬ甘い香りを発する。贈答用のマンゴーが届くと（写真１）箱を開ける前からこの甘い香りが漂って、開封する手を急がせる。ふたを開け果実をそっと取り出して、ナイフを種子に沿って三枚におろすように入れると果汁が滴り、いっそうその香りが広がる。そしてそのジューシーな橙色の果肉を口に頬張るやいなや、口腔いっぱいに豊かな風味が広がり、頬が落ちるような軟らかな甘みと甘い香りに酔うことができる。これは完熟マンゴーだけのものであり、他では味わえない。中にはマンゴーを冷やして食べる人がいるが、これでは甘みだけしか楽しめず、香りを楽しむことはできない。もったいない限りである。

(2) 贈答品として高い人気と価格

このマンゴーが二〇〇七年度の東京市場で一kg当たり平均五〇〇〇円程度の高値で販売されたと聞く。宮崎県産の早期加温栽培のもので、知事による宣伝の効果も大きかったのではないかと思われる。しかし市場価格でこれだけの高値であるから、末端では相当の価格がついて一般の消費者には手が出なかったという話である。

一kg五〇〇〇円。代表品種アーウィンの重さがだいたい四〇〇gだから、一個が約二〇〇〇円。この値段を高いとみるかどうかは消費者しだいだが、今日すでに一個数万円もするマスクメロンや一粒で数百円のサクランボも存在する。一個二〇〇〇円のマンゴーがあってもよいのかもしれない。

(3) 果肉加工もこれから楽しみ

① 果肉ペーストを使って食品加工に

マンゴーは完熟果実を味わうのが一番だが、そのおいしさが知られるにつれて、最近は果肉ペーストを用いたアイスクリームやジュースがよく販売されている。もっともこれらはほとんどがインドやタイから安価に入ってきている輸入原料で、後ほど述べるように生果実は検疫が面倒だが、冷

表1　マンゴー果実中の成分（100g中）

項目		品種未定	カラバオ	アルフォンソ
	エネルギー (kcal)	64	57	63
	水分 (g)	82.0	83.9	80.8
	タンパク質 (g)	0.6	0.5	0.4
	脂質 (g)	0.1	0.2	0.4
	炭水化物 (g)	16.9	15.0	16.7
無機質（ミネラル）	ナトリウム (mg)	1	4	
	カリウム (mg)	170	180	
	カルシウム (mg)	15	8	9
	マグネシウム (mg)	12		
	リン (mg)	12	17	11.7
	鉄 (mg)	0.2	0.5	0.4
	亜鉛 (mg)	0.1		
	銅 (mg)	0.08		
	マンガン (mg)	0.1		
ビタミン（脂溶性）	レチノール (μg)	0		
	カロテン (μg)	610		
	D (μg)	0		
	E (mg)	1.8		
	K (μg)	0		
ビタミン（水溶性）	B_1 (mg)	0.04		
	B_2 (mg)	0.06		
	ナイアシン (mg)	0.7	0.7	0.05
	B_6 (mg)	0.13		
	B_{12} (μg)	0		
	葉酸 (μg)	84		
	パントテン酸 (mg)	0.22		
	C (mg)	20	47	90
	食物繊維 (g)	1.3		0.4

注）品種未定は『五訂日本食品標準成分表』から，「カラバオ」と「アルフォンソ」は石畑（2000）から米本が作成。

凍果肉ペーストなら比較的容易に輸入できる。

果肉ペーストは冷凍保存でき、アイスクリームやジュースがよく販売されている。その他、ジャ

表2　マンゴーの主要カロテノイド含量（μg/100g）

カロテノイド種	品種					
	キーツ	トミーアトキンス	アーウィン	ケント	ナムドクマイ	ケーオ
β-カロテン	6.7	5.8	14.7	6.7	4.6	12.9
ルテオキサンチン	2.7	2	na	na	na	na
ビオラキサンチン	12.5	36.9	14.6	na	na	na
ネオキサンチン	1.9	4.9	na	na	na	na

注)『特産のくだもの　マンゴー』((社)果樹種苗協会) より引用。
na：未記載

ム、ドライフルーツ、ゼリーなど菓子類、チャツネなどの料理に幅広く利用できる。今後は、国産マンゴーについてもペーストに一次加工して、それをさらにいろいろ利用していくことを積極的に考えてもよい。

ちなみに、マンゴーの栄養分については『五訂日本食品標準成分表』に詳しいが、これは輸入マンゴーの果実を分析したものである。これによるとマンゴーにはビタミンCが豊富に含まれ、ビタミンAも多い（表1）。ビタミンAは果実成熟とともに増加し、完熟期にもっとも含有量が高くなる。

果肉の黄色はカロテノイドによるもので、主要なカロテノイドはβ-カロテンとビオラキサンチンで、ネオキサンチン、ルテオキサンチンなども含まれる（表2）。品種別では「キーツ」と「トミーアトキンス」はビオラキサンチンのほうがβ-カロテンより多く、「アーウィン」にはほぼ同量含まれている。

②未熟果実は料理してもおいしい

未熟果実をピクルスや漬け物にしたり、薄く切って塩辛をつけて食べることもある。花と軟らかい未熟葉は野菜として調理され、生葉はガムのように噛むこともある。

このほか、インドでは病気の治療に種子、根、果皮を使っている。種子は粉にして駆虫、下痢、痔のクスリに利用し、葉はシャックリや喉の痛みを和らげる効果がある。花にはタンニンが一五％も含まれ、乾燥させて下痢止めに用いられる。また、樹皮にはマンゼリンやタンニンが多量に含まれ、ジフテリアやリュウマチの治療に効果があるとされる。こうした利用以外に葉は家畜の飼料に、花は皮のなめしに用いられる。さらに樹液（ラテックス）はアラビアゴムのように用いられている。

2 宅配システム使って有利販売

(1) 国内生産量は年間二〇〇〇t

農林水産省の特産果樹生産動態調査によると、一九七七年には沖縄県と鹿児島県でわずかに四ha（収穫量一t）であった国産マンゴーの施設栽培は一九八三年の一六ha（一五t）から徐々に増加し、一九九〇年に一〇三ha（二一七t）に達した。栽培はその後も増加し、一九九五年に二一一ha（六八八t）、一九九七年に二一五ha（一一五〇t）と初めて一〇〇〇tを超え、二〇〇二年には二七六ha（二一五七t）と二〇〇〇tを超えた（図1）。これは米国フロリダ州のマンゴーの生産量に匹敵

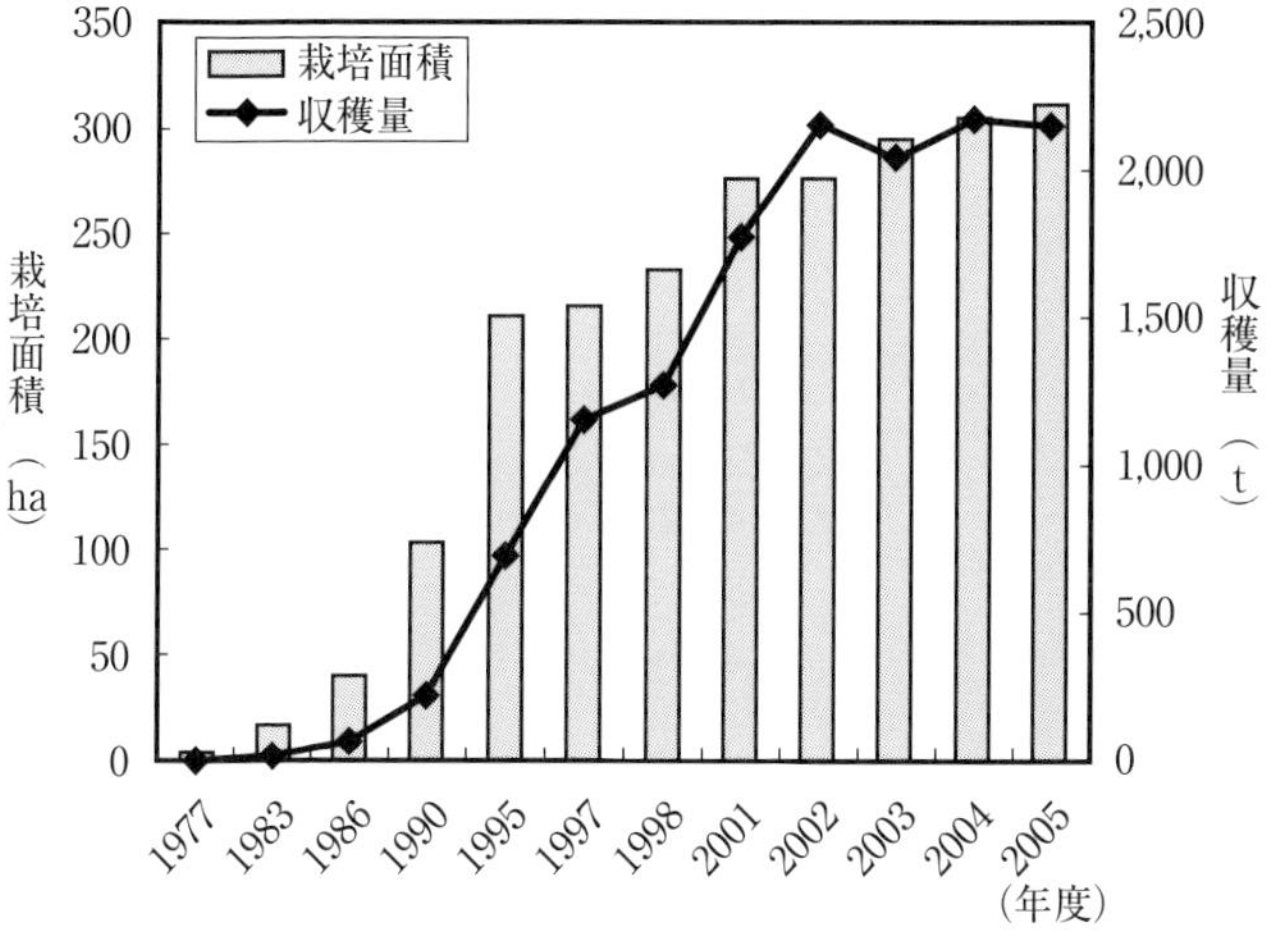

図1　日本のハウス栽培マンゴーの生産動態

する。

農水省の最新の調査（二〇〇五年度）では、国内生産は三一一ha（二一五二t）となっており、収穫量の増加率は低下してきている。わが国のマンゴーの七〇％以上は沖縄で生産されているが、国内市場に販売経路を確立した宮崎県の生産量が増加してきている。

(2) 甘い完熟果を高値販売

①宅配システムの整った日本だからできる完熟出荷

沖縄の石垣島で「ポトリ果マンゴー」出荷組合を主宰する島田長政さんが、もう二〇年も前になるが、著者が当時勤務していた和歌山県の果樹園芸試験場を訪ねてこられて、「石垣島のような離島でマンゴーを栽培するには一個何千円もする果実でなければ輸送コストが引き合わない。だから高値販売できるアーウィンマンゴーなんだ」と話していた。さらに島田さんたちは、「顧客と顔の見える付き合いを大切に、自分たちが生産した高品質果実を宅配便を利用して食べ頃に顧客に届けるよう努力している」とも話されていたのを思いだす。

当時、著者はマンゴーでなくチェリモヤを国内市場に定着させようと努力していた。しかし宅配便を利用することはできず、島田さんたちのような販売方法ができなかったことを後悔している。

農産物、とくに特産果実は宅配便を利用して直送し、食べ方や食べ頃などを生産者が消費者に直接伝えることで、本当のおいしさを味わってもらえ、その結果消費も増えていく。台風の常襲地帯にある石垣島では、年によっては生産量が激減することもあるが、そういう年には顧客から励ましの便りが届く。そんな特産果実の販売ができるようだと心強い。

②「アーウィン」以外の魅力的な品種も多い

国産マンゴーの九九％は「アーウィン」という赤色が濃い品種である。日本では赤色のマンゴーを総称して「アップルマンゴー」と呼んでいるが、そういう品種があるわけではない（アフリカには「アップル」という品種があるが、それとは異なる）。わが国へ輸入販売されている「ケント」や「トミーアトキンス」なども赤色マンゴーであり、これもアップルマンゴーの一つである。

さて、アーウィンは万人向けの品種で、この品種を食べて嫌いだという人はまずいないと思う。日本人だけではなくアメリカ人でも同様で、フロリダではアーウィンのことを「マンゴーを初めて食べる人に適する品種」あるいは「初心者向け品種」と位置づけている。しかし世界中にはもっともっと味や香りの強い品種がたくさんある。これらの風味を味わえば、日本人もマンゴーに対する考え方が変わること請け合いである。また、そうしたさまざまな品種を積極的に導入していくことも、マンゴー好きのすそ野（消費の層）を広げていくために必要ではないかと考えている。

(3) ハウスがあれば栽培は比較的容易

① 名人芸より大事な根気

マンゴーは頂芽優勢の果樹で、枝の先端部から新梢が発生する。高温下では先端部からの新梢発生をくり返すため、放っておくと三～四年でハウスの天井を突き破るほど大きく育つ。そのため樹形は開心形とし、枝を横方向に仕立てる整枝せん定を行なう。

花は枝先端に房状に着生し、一花房に数千から二万個もの小花を着ける（写真2）。ほとんどは開花結実後に生理落果するが、種子が入って将来大きくなりそうなものを一～二個残して摘果し、大きく育てる。

マンゴーで大事なのは主にこの二つの作業だが、特別な名人芸はいらない。むしろ、花芽着生を誘導するための枝の誘引、整枝、そして花芽着生後は逆に花房を上方へ誘引して光をあてる作業、さらに摘果後の玉吊り、収穫前の袋かけやネットかけという根気のいる仕事が必要である。名人芸

写真２　マンゴーの花は房状に数千から２万個も咲く

（右：開花初めの花房，左：開花後期。もうアズキ粒大の幼果が見える）

より根気が大事な果樹といえる。

② 薬剤防除も少ない

マンゴーで注意する病気は炭そ病で、主力の「アーウィン」はとくに弱い。この病気は過湿になると出やすいため雨除け栽培が必要だが、雨さえかからなければ発生は軽減でき、防除回数も少なくて済む。ただしハウスを閉め切ると結露して炭そ病が出やすくなるので、換気には十分心がける。

一方、ビニル被覆するとダニやアザミウマなど害虫が多くなる。新芽や花芽にアザミウマが発生すると落葉したり果皮がサビ状になったりして（写真3－①、②）、商品価値を著しく低下させる。これらに対してはタイムリーな防除が必要である。

③ 五℃以上を維持できればどこでも栽培できる

筆者も最近知ったのだが、北海道浦臼町でマンゴーのハウス栽培をしている農場がある（農業生産法人・㈲神内ファーム21）。ここでは約六種類の熱帯果樹を栽培し、マンゴーは「アーウィン」

「ナムドクマイ」が結実しているという。

本土でも和歌山県で、冬季に最低気（夜）温五℃以上を維持できれば栽培できることがわかっており、低温で枯死しない気温さえ確保できれば、日本中どこでも栽培は可能である。かえって、石垣島のような冬季に低温になりにくい亜熱帯地域では、花芽が着生しなくて困っている。冬季が低

写真3－①　アザミウマの被害（新葉）

写真3－②　アザミウマの被害（果実）

表3　宮崎県での定植後のマンゴー収量の推移

定植後年数	3	4	5	6	7
1樹当たり収穫果実数(個)	12	28	38	34	52
1樹当たり収量（kg）	5.6	12.2	15.1	13	19.6
10a当たり収量（kg）	751	1,649	2,043	1,761	2,648

温になるところは、マンゴーの花芽分化に必要な一五℃以下の低温遭遇は容易だから、花芽が着かない心配がいらない。

④定植して五年目からが難しくなる

マンゴーの成木園で反収二tは得られる（たとえば五年生で一〇〇本植え）。宮崎県の優秀なマンゴー農家の平均反収は二・五tである。しかし、マンゴーは最初の五年間はよくても、その後に苦難が待っているといわれる。

表3は、マンゴーの定植後三年目から七年目までの収量の推移を見たものである。確かに五年目までは順調に収量が増えているが、六年目には低下して、七年目に回復するなど、収量のふれが見て取れる。これは、樹が込み合ってきて十分な光が内部に入らず結実が不安定なことを示している。マンゴーでは定植して五年目以降をどう管理していくかが、改植など経営判断とも絡んで大きなポイントといえる。これについては後で詳しく見ていきたい。

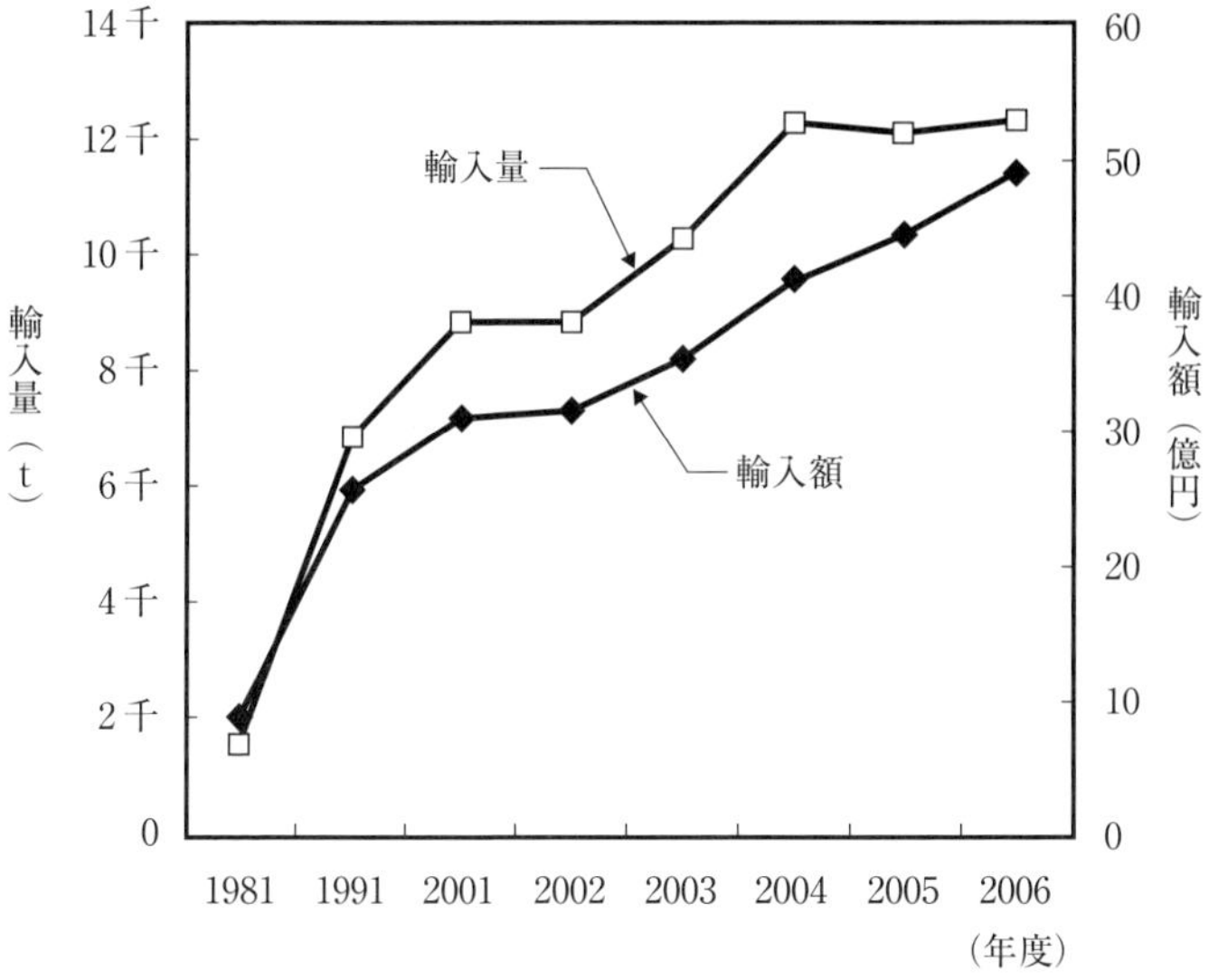

図2　わが国へのマンゴー輸入の変動

2006年度（平成18年）輸入青果物統計資料（(社)日本青果物輸入安全推進協会）

3　輸入の動向とこれからの栽培

(1) バブル期以降に輸入急増

わが国へのマンゴーの輸入量と輸入金額の推移は図2のとおりである。一九八一年に年間一五七三t（八・八億円）であったものがバブル期に急増して二〇〇一年には八八九二t（三〇・九億円）になり、その後も増加を続けて二〇〇六年度には一万二三八八t（四九・三億円）に達している。

二〇〇二年から二〇〇六年度までの国別輸入量の推移を見ると、大半をフ

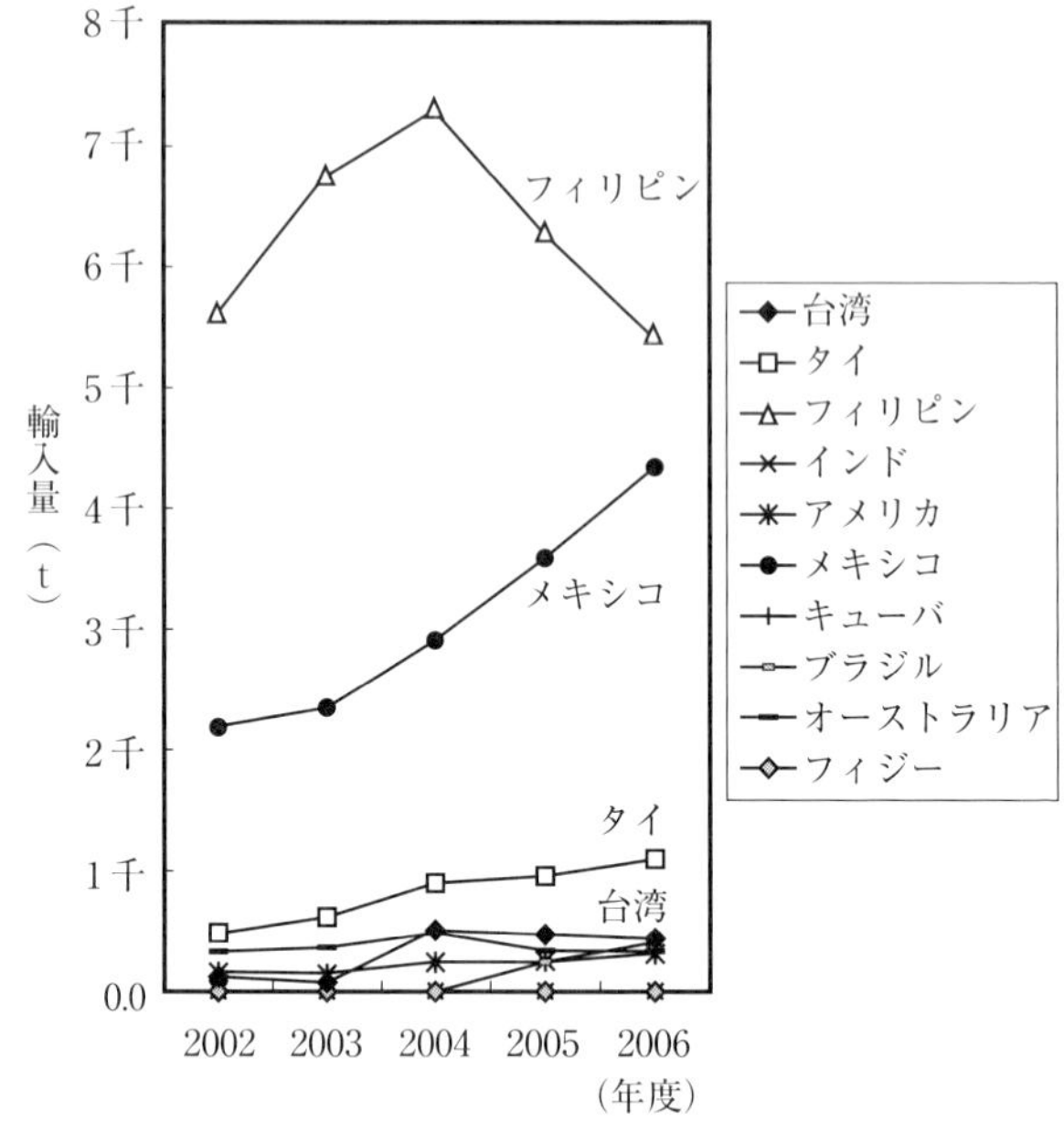

図３　マンゴーの国別輸入量の推移

イリピン産とメキシコ産が占めている（図３）。フィリピン産は二〇〇四年の七三〇三ｔをピークに二〇〇六年度には五四四四ｔに減少しているが、メキシコ産は年々増加して二〇〇六年度に四三三四ｔとフィリピン産に迫る勢いである。タイ産も少しずつ増加して二〇〇六年度には一〇九九ｔになっている。

価格については、量の多いフィリピン産とメキシコ産がそれぞれ二六四～三一九円（kg当たり単価）、三五六～三九一円（同）でもっとも低く、三番目に輸入量の多いタイ産も三二五～四六七円となっている（図4）。一方でオーストラリア産が一一二八円、フィジー産が一二〇八円と高い。

(2) 輸入マンゴーの限界

① 未熟果を収穫

わが国で栽培されているアーウィンは、熟期に達すると落果する特徴がある。そこで落果する前に袋やネットで果実を包んで吊り下げ、その中に落ちたときを熟期と判断して収穫している。だから基本的に日本のマンゴー（アーウィン）は樹上完熟出荷である。しかし、多くのマンゴー品種は落果する前に果実が成熟し、樹上に長く置いておくと過熟となり果肉が崩壊してしまう。このためやや未熟な状態（追熟すれば食べられる程度の熟度）で収穫し、その後室温で追熟させて軟らかくなったものを食べる。これが一般的なマンゴーの食べ方であ

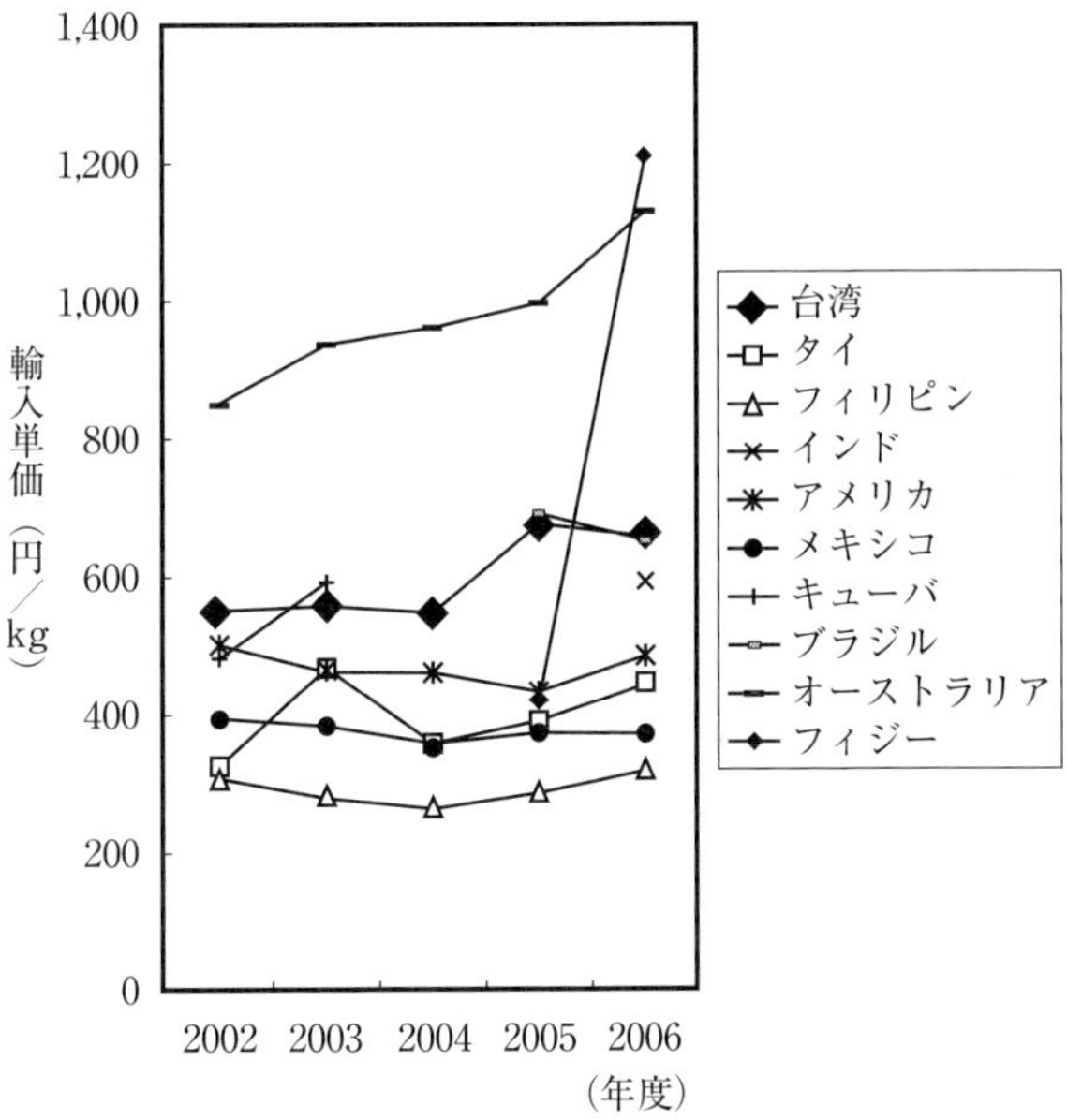

図4　マンゴーの輸入単価（円/kg）の推移

表4　メキシコでの米国向け輸出用マンゴー果実の熟度要求最低ライン

（輸送に５日かかる場合での選果場での熟度基準）

品　種	果肉色	可溶性固形物含量（Brix）	滴定酸度（%）	果肉硬度（kg）	20℃での要追熟日数
トミーアトキンス	1	7.3	1.199	13.2	11
ヘイデン	1	7.3	1.069	12.2	13
ケント	1	7.4	0.603	12.4	12
キーツ	1	6.6	0.715	11.0	13
アタルフォ	1	2.9	4.201	15.6	15

注）果肉色は5段階評価で，1とは果肉全体がクリーム色（白色ではない），2はクリーム色から黄色への過渡期，3は30％以上が黄色，4は60％以上が黄色で残りは橙色，5は90％以上が橙色。

Baez-Sanudo, R. et al. 1999 Quality standard grades for Mexican mangoes and application methodology. Appl. Hort. Vol. 1, No. 1 より。

る。

さらに、収穫してから消費地まで輸送に時間がかかる場合、業者は少しでも棚もち期間を長くしたいので、すぐに軟化して腐ってしまうような完熟果実を避け、未熟な果実を要求する。わが国が輸入しているマンゴーも、こうして多くが早期収穫されているのが現状である。

表4に、メキシコが米国に輸出する場合のマンゴーの最低限度の熟度指標を示した。これによると日本のスーパーでよく見かけるメキシコマンゴーの「トミーアトキンス」は糖度七・三、酸度一・二%という酸っぱい未熟果実が箱詰めされたものだということがわかる。ちなみに国産完熟アーウィンの糖度は一四、酸度は〇・二%程度である。全然違う、とも思えるが、輸入品も追熟後にはある程度糖度が上昇し、酸度も低下する。

②検疫処理がさらにダメージに

自国の農産物にダメージを与える可能性のある病害虫

の侵入を水際で阻止するために、各国はそれぞれに植物輸入規制を布いている。これを植物検疫と呼び、マンゴーの場合問題になるのはミバエである。これに対し、わが国では表5に示す農林水産大臣が定める基準がある。輸入国別に品種が違い、果実の大きさも異なること、あるいは対象となるミバエの種類が異なることから処理方法が多少異なっているが、消毒の方法としては、蒸熱処理、温湯浸漬処理の二通りである。これによってやはり果実の味、風味は損なわれるものと考えてよい。

③コールドチェーンで失われる香り

流通・販売の業者は商品を一日でも長もちさせるため低温で輸送・保存する。いわゆるコールドチェーンだが、温帯果実中心のわが国ではこの設定温度がほとんどの青果物で五℃程度となっている。

冒頭でも述べたように、「マンゴー本来の風味は室温で味わうもの、冷やしてしまっては甘さを味わっているだけだ」とマンゴー通はいう。これは本当のことで、たとえば、インドの品種は収穫後に室温（二五～三〇℃）で追熟させないと本来の風味が出ないといわれている。ところがこのインドの優良品種である「アルフォンソ」が五℃で冷蔵されて日本に運ばれ、日本のスーパーでも五℃で保存、陳列されているのである。著者は沖縄に住んで四年になるが、暖かい環境に慣れたせいか、気温が一五℃以下になると寒くてしかたない。あの灼熱のインドで育った果実がいきなり五℃の低温に置かれたら、それこそ肺炎をおこしてしまうのではないかと思う。

表5　輸入解禁植物（マンゴー）の検疫条件

（農林水産大臣が定める基準，2007年3月15日現在）

国名または地域	品種	解禁年月	対象病害虫	消毒方法
ハワイ諸島	キーツ，ヘイデン	2000年5月	チチュウカイミバエ，ミカンコミバエ種群，ウリミバエ	蒸熱処理：蒸熱処理施設において，飽和蒸気を利用して，生果実の中心温度が47.2℃になるまで消毒すること。
インド	アルフォンソ，ケサー，チョウサ，バンガンパリ，マリカ，ラングラ	2006年6月	ミカンコミバエ種群，ウリミバエ	蒸熱処理：蒸熱処理施設において，飽和蒸気を利用して，庫内温度を段階的に50℃以上になるよう設定し，生果実の中心温度を47.5℃とし，その温度以上で20分間消毒すること。
オーストラリア連邦	ケンジントン	1994年10月	チチュウカイミバエ，クインズランドミバエ	蒸熱処理：蒸熱処理施設において，飽和蒸気を利用して，生果実の中心温度を47.5℃とし，その温度以上で15分間消毒すること。
	アール2イー2，キーツ，ケント，パルマー	1999年12月		
タイ王国	ナンカンワン	1987年3月	ミカンコミバエ種群	蒸熱処理： ナンカンワン種 蒸熱処理施設において，飽和蒸気を利用して，生果実の中心温度を46.5℃とし，その温度以上で10分間消毒することまたは生果実の中心温度を一定の上昇率で43℃まで上げ，その後、飽和蒸気を使用して，生果実の中心温度を47℃とし，その温度以上で20分間消毒すること。 ナムドクマイ，ピムセンマン，ラッド，マハチャノック種 蒸熱処理施設において，生果実の中心温度を一定の上昇率で43℃まで上げ，その後，飽和蒸気を使用して，生果実の中心温度を47℃とし，その温度以上で20分消毒すること。
	ナムドクマイ，ピムセンマン，ラッド	1993年2月		
	マハチャノック	2006年11月		

台湾	キーツ	1976年6月	ミカンコミバエ種群，ウリミバエ	蒸熱処理：蒸熱処理施設において，飽和蒸気を利用して，生果実の中心温度を46.5℃とし，その温度以上で30分間消毒し，その後速やかに常温まで下げること。
	アーウィン	1976年6月 1989年3月		
	ハーデン	1991年3月		
フィリピン共和国	マニラスーパー	1975年7月	ミカンコミバエ種群，ウリミバエ	蒸熱処理：蒸熱処理施設において，飽和蒸気を利用して，生果実の中心温度を46.0℃とし，その温度以上で10分間消毒すること。
ブラジル連邦共和国	トミーアトキンス	2004年9月	チチュウカイミバエ	温湯浸漬処理：温湯浸漬処理施設において，47℃の温湯により生果実の中心温度を46℃とし，その温度以上で5分間消毒すること。
メキシコ合衆国	品種指定無し	1991年2月	メキシコミバエ，ミナミアメリカミバエ	温水処理：温水処理施設において，温水を使用して生果実の中心温度を46.1℃以上とし， ①500g以下のマンゴーは，75分間以上その温度で消毒すること。 ②500gより大きいマンゴーは，90分間以上その温度で消毒すること。

確かに、果実を長期間保存しようと思えば低温に置いて呼吸量を低下させ、追熟による軟化を遅らせることが有効なのだが、熱帯果実は低温障害を受けやすいことを流通関係者はもっと知ってほしい。バナナやパイナップルがよい例である。

④輸送向き品種「トミーアトキンス」も実はおいしい

世界の輸出マンゴーのうち、赤色系の主要品種としてもっとも多く扱われているのは「トミーアトキンス」である。赤い果皮、豊産性で炭そ病に強く、輸送性も高い。果肉中の繊維も少ないが、味はそれほどではない、という品種である。

つまり、おいしい品種はほかに多くても、豊産で炭そ病に強いのが生産者には魅力。また、輸送性（貯蔵性）の高さは流通・販売業者にありがたい。そこで「味はそこそこでもいいじゃないか」という、消費者を無視した生産者と流通・販売業者との妥協で重宝がられているのが、この品種というわけである。

しかし「トミーアトキンス」も実は樹上で適度に熟した頃に収穫して室温で追熟すると（完熟まで樹上におくと果肉崩壊してしまう）、ふつうのマンゴーのように甘くて十分おいしいのである。人のつごうで早もぎしてそれを低温輸送して、わざわざ果実品質を低くしているわけで、「トミーアトキンス」にとってはきわめて遺憾なことだといわざるを得ない。しかしこれが輸入マンゴーの一般的な実態だということも確かだ。

(3) 高品質マンゴーの輸入も始まった

最近、関東のスーパーで台湾産の「アーウィン」が一個四九八円で売られているのを見かけた。その隣には一個二〇〇〇円の国産「アーウィン」が陳列されていた。果皮の輝きは断然、国産のほうが勝っていたが、これは蒸熱処理をしていないためである。逆に台湾産は、蒸熱処理のため果皮に輝きはなく外観は劣るものの、食べてみたら、味はアーウィンそのものだった。贈答用でなく自家消費用であったら、消費者は迷わず台湾産を選ぶのではないかと思われた。

また、タイ産の「ナムドクマイ」がロイヤルマンゴーという名前で販売されている。酸っぱいイメージが定着している小ぶりで黄色のフィリピン産マンゴーに比べ、黄白色でやや大きなタイ産は、日本のある商社がタイで買い付けて、日本に輸出しているものである。実はこの商社の品質向上の取り組みには並々ならぬものがある。現地でその取引を見せてもらったことがあるが、まず彼らはタイの園芸試験場の研究者を引き抜き、社員として雇用。この職員を産地に常駐させて農家に技術指導を行なわせ、その指導に従う優秀な農家だけをピックアップする。彼らが生産した果実は一個一個緩衝資材でくるまれてバンコクの選果場に運ばれ、輸出向けと加工向けに仕分けられる。輸出向け果実は一定の量に達するまで冷蔵貯蔵され、その後に蒸熱処理される。処理後、高温による品質低下を防ぐために冷水で冷やして乾燥させ、追熟処理ののち箱詰めし、日本に空輸するというのである。

こうしたやり方についてタイの農家に話を聞いてみると、「これまでも日本の商社は買い付けにきたが、一度だけで、その後はくることはなかった。だから私たちの生産物はどうだったのか、よかったのか悪かったのかわからなかった。しかし今は、どこがどう悪いかを正直にいってもらえる。われわれもそれに対し努力できる。また、われわれにできない蒸熱処理施設の購入や、新しい栽培技術の指導などやってもらえるので助かる。何よりも、努力していいものを生産すれば、それに見合った高値で引き取ってくれるから自分たちの所得も向上する」と、歓迎していた。日本の商社による高品質果実生産の動きは、今後もタイやその近隣の熱帯果樹生産国で加速し、日本に輸入される熱帯果実の品質は徐々に向上してゆくと思われる。

一方で、すでに果樹生産の先進国であるオーストラリアから「ケンジントン」というかなり品質の高い橙色のマンゴーが日本に入ってきており、kg当たり一〇〇〇円以上という価格がついている。

今後、国産マンゴーとの競合は十分に考えられる。場合によっては国産マンゴーの脅威となるかもしれないが、宅配システムが整い、しかも追熟や蒸熱処理などしなくても済む優位性を生かし、樹上完熟したおいしいマンゴーを届けているかぎりは負けないと思う。また一方で品種の幅を広げ、アピールするなど、国産マンゴーの市場を大きくしていく努力も必要だ。

第2章　マンゴーとは?

1 栽培の来歴

(1) 原産地はインドから東南アジアにかけて

① ウルシ科マンゴー属

マンゴー(*Mangifera indica* Linn.)はウルシ科(Anacardiaceae)マンゴー属(Mangifera)の植物で近縁種にウルシやハゼノキがある。これらにかぶれた経験のある人は、名前を聞いただけで身ぶるいするかもしれない。マンゴーでもかぶれる人がいるので、アレルギー体質の人は注意が必要である。さらに、マンゴーの近縁種にはわれわれがふだん食べているカシューナッツやピスタチオも含まれる。

② 樹高二〇m以上にも育つ大木

マンゴーは熱帯アジア原産で、北緯三〇度から南緯三〇度の間で栽培されている(図5)。沖縄県は露地栽培できる北限に位置している。したがって九州以北ではビニルハウスで加温栽培しないと、冬の寒さで枯死する。常緑樹で枝は開張性、ドーム形の樹形を呈する。また樹高は二〇mを超える大木となる。

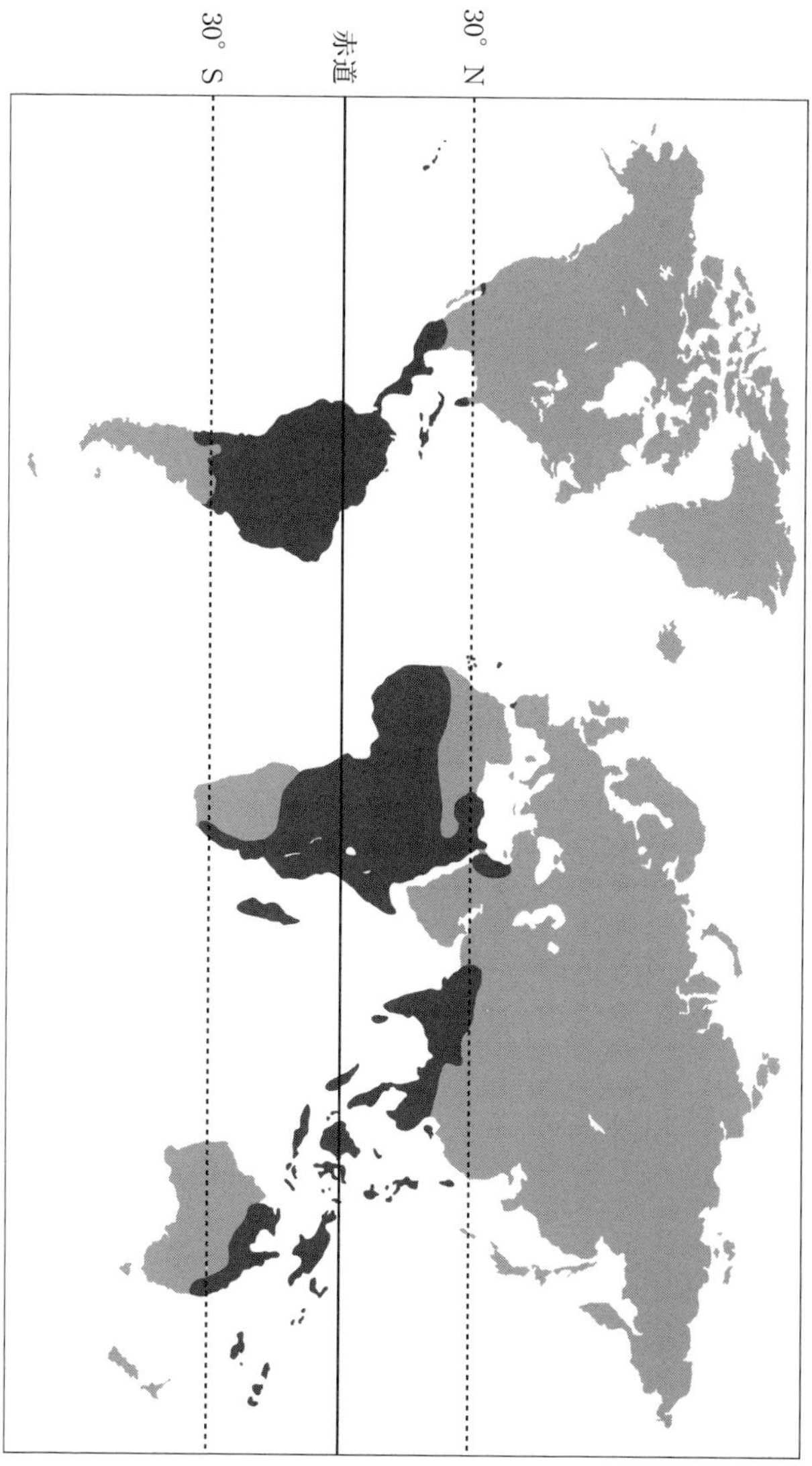

図5　マンゴー栽培地域は赤道をはさんで南北30°

MANGOS　A Guide to Mangos in Florida (Printed by Everbest Printing Company, Ltd., Hong Kong, through Four Color Imports Ltd., Louisville, Kentucky.) より作成。

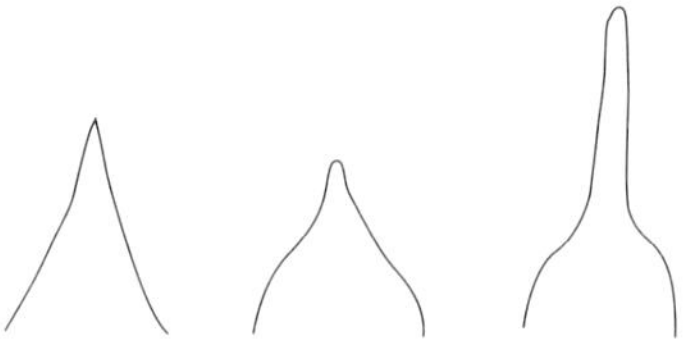

a　b　c

a：鋭形
b：短漸尖形
c：尖形

図７　葉の先端の形状

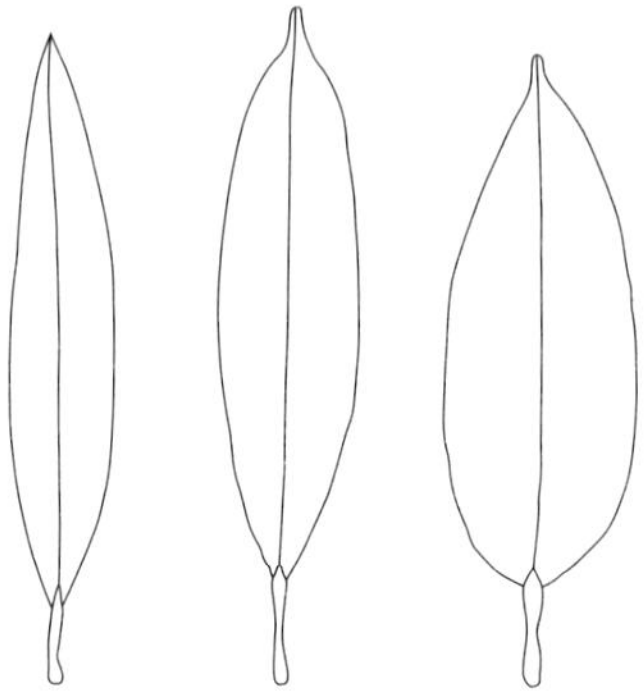

a　b　c

a：楕円披針形
b：長円披針形
c：卵披針形

図６　葉身の形状

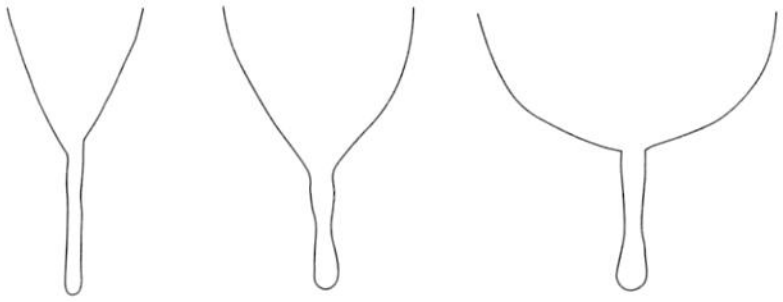

a　b　c

a：鋭形
b：鈍形
c：円形

図８　葉の基部形状

葉は単葉で皮質、長楕円形で互生する。葉色は紅色、紫、白黄色、緑色などがある。葉の形状により品種分類する場合、葉身（図６）、先端（図７）、および基部（図８）の形でそれぞれ比較する。花は小さく頂腋性で、長さ二〇〜八〇㎝の円錐状の花序となり、両性花と雄花が雑居する。果実は子房が発達したもので、通常は勾玉形をしている。果実中にはカラス貝状の堅い殻に包まれた種子があり、種子には単胚と多胚の二種類がある。

■コラム　ウルシアレルギーの人は要注意

本文でも述べたように、マンゴーにはウルシオールと呼ばれる有毒成分が含まれており、この成分がアレルギーを引きおこす。人によりアレルギーの程度には差があり、ひどい場合はただちにショック症状を引きおこす。また、食べるだけなら大丈夫な人もいる。これは未熟な果実には乳液状の白い液体が多く含まれるのでかぶれやすいが、成熟すると乳液は少なくなり、追熟させた果肉ではウルシオール含量が少なくなるためである。ただし、食べ過ぎると口の中から食道にかけてイガイガするし、唇に果肉が接触すると発疹ができる場合もあるので、あまり食べ過ぎないようにする。

(2) 世界の栽培の歴史

① 四〇〇〇年以上前から栽培

以前はマンゴーの原産地はインドといわれてきた。マンゴーについて記された文献がインドに古くから多く残っていたからである。たとえば四〇〇〇年前のサンスクリットの文献から、当時すでにインドではマンゴーが栽培されていたことが明らかである。しかし、近年の研究により、本当の

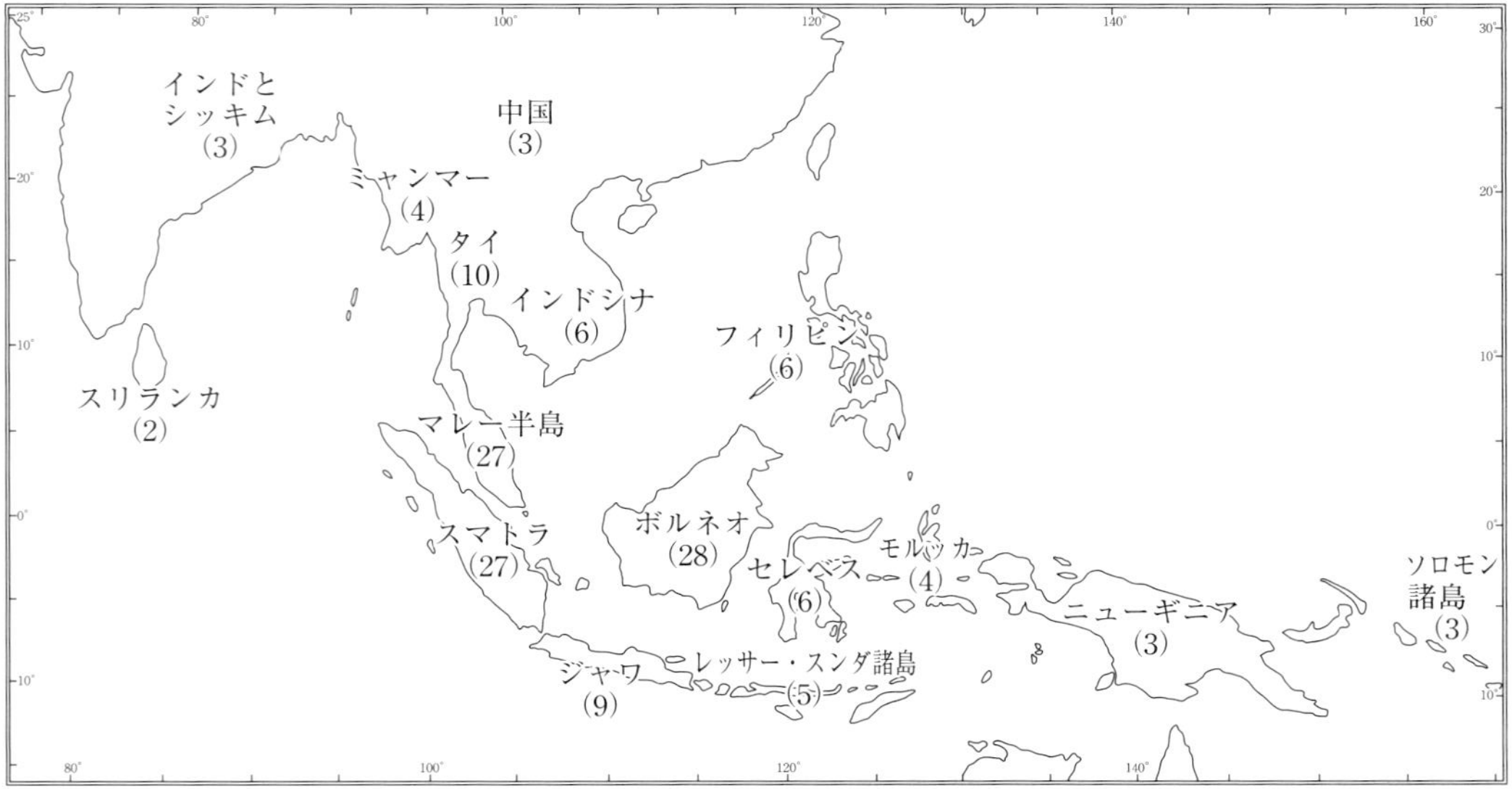

図9　マンゴー属の野生種の分布

数字は各地域ごとの野生種数：スリランカ，インドとシッキム，ミャンマー，タイ，インドシナ，中国，マレー半島，スマトラ，ボルネオ，ジャワ，レッサー・スンダ諸島，セレベス，モルッカ，フィリピン，ニューギニア，ソロモン諸島。

The Mango: Botany, Production and Uses (Edited by R. E. Litz, Tropical Research and Education Center, University of Florida, USA) より作成。

原産地はミャンマー、タイ、マレー半島にかけての地域ではないかという説が有力になっている。熱帯ヒマラヤ、インド、ミャンマー、インドネシア、パプアニューギニア、フィリピンにも多数の野生種が見られることから（図9）、これらの地域において種間交雑により、異質倍数体としてのマンゴーができたと考えられている。

②大航海時代に世界に伝播

インドのムガール王朝時代にアクバル帝（在位一五五六〜一六〇五）が、インド東部のダルバンガに一〇万本のマンゴーを栽培させた記録が残っている。このマンゴー栽培は改良品種を用いて行なわれたものだが、このうちのいくつかの品種が世界中の栽培品種のルーツとなった。面白いことに、一五世紀にポルトガル人が接ぎ木繁殖法を伝えるまでインドでは接ぎ木による苗木繁殖は行なわれず、もっぱら種子による繁殖であった。このため、さまざまな変異種子が発生したのであろう。

マンゴーは一六世紀にはポルトガル人によってインド洋の島々およびアフリカの海岸部にもち込まれ、台湾へは一五六一年頃にオランダ人がもち込んだ。

その後、ブラジルやメキシコへは一七〇〇年頃、ハワイへ一八〇九年頃、西インド諸島へ一八世紀中頃、アメリカのフロリダには一九世紀初頭、オーストラリアへは一八七〇年頃、イタリアには二〇世紀初頭にもち込まれている。マンゴーが長い間東南アジアから出なかったのは、種子の発芽能力が短期間で失われてしまうため遠距離輸送できなかったことが原因である。マンゴーはスペイ

表6　2005年国別生産量（上位20）

	国名	生産量（千t）
1	インド	10,800
2	中国	3,673
3	タイ	1,800
4	パキスタン	1,673
5	メキシコ	1,503
6	インドネシア	1,478
7	フィリピン	950
8	ブラジル	860
9	ナイジェリア	730
10	エジプト	380
11	ベトナム	320
12	ペルー	268
13	ハイチ	260
14	バングラデッシュ	243
15	キューバ	230
16	マダガスカル	210
17	コンゴ民主共和国	200
18	タンザニア	200
19	スーダン	196
20	グアテマラ	187

ン、ポルトガル、オランダ人による大航海時代になって急速に、世界中に広まっていった。そして、それぞれの地域にも ち込まれた種子から多くの新品種が生まれ、世界中にはさまざまな形や色、風味のマンゴーが存在する。

③ いまも増えるマンゴー生産

世界のマンゴー生産量は一九七一〜一九九三年の間に約五〇％増加した。この増加は昔からのマンゴー産地ではなく、中南米、アフリカ、オーストラリアで輸出用に増植された結果である。アジアの生産国ではもともとマンゴーは「果実の王様」と呼ばれてきたが、現在では北米、日本やヨーロッパで一年中市場に並ぶようになり、「果実の王様」という認識は世界中に広まっている。

一九九七年の世界のマンゴー生産量はさらに増加して二一九六万t（FAO、一九九七）に達し、著者が二〇〇六年にフロリダのマイアミで行なわれたマンゴー販売会議で聞いた情報では、二〇〇五年度データで約二八〇〇万tが八六ヵ国で生産され、インド、中国、タイ、パキスタン、メキシコ、インドネシア、フィリピン、ブラジル、ナイジェリアの九ヵ国でその八四％を占めているとのことであった（表6）。中でも、世界市場への輸出量ではメキシコが三〇％のシェアをもっており、日本でも最近はメキシコ産のマンゴーが多くなってきている。日本ではまたフィリピン産マンゴーも多いが、フィリピンの輸出は八〇％がホンコン、一六％が日本向けである。二〇〇二年には台湾もWTOに加盟しており、今後世界市場への輸出が増えることが予想されている。一方、加工された果肉の輸出ではインドやタイが世界市場を独占している。

(3) わが国では一九八〇年代以降に栽培技術が確立

① 国産マンゴーのルーツ、沖縄

沖縄県農業試験場名護支場（現・沖縄県農業技術センター名護支場）で早くからマンゴーの栽培試験をされてきた安富徳光さんによると、一八九七年（明治三十年）には沖縄県でマンゴーが栽培されているので、導入はそれ以前からなされていたのだろうとのことである。大正初期には鹿児島高等農林学校（現・鹿児島大学農学部）指宿植物試験場に、大正末期から昭和初期にかけて奄美大島に導入された記録がある。

また、昭和の初期に台湾から沖縄に移住した人がマンゴーをもち込み、第二次世界大戦前に沖縄県人が南太平洋諸島でマンゴーを見聞し、種子をもち帰って県内に植えたことがあり、それらの樹が大木となって現在でも沖縄各地に点在している。しかしこれらは花は咲けども開花期の低温と降雨によって結実せず、注目されなかった。ようやく一九七〇年になって、鹿児島県農業試験場大島支場でマンゴーの開花期から結実期にかけてビニル被覆をして結実を安定させる栽培法が開発されて、マンゴー栽培が南西諸島や沖縄県で注目されるようになったのである（次ページからのコラム参照）。

もう一つ、沖縄県がマンゴー生産に貢献できたことは、一九九三年に沖縄全県からミバエが根絶されたことである。これで沖縄産のマンゴー果実がミバエを殺すための蒸熱処理という面倒な作業をすることなく、本土の市場へ出荷されるようになったのである。

② 栽培地が徐々に北上中

近年、宮崎県がマンゴー生産に力を入れ、二〇〇七年度の生産量は約五〇〇ｔで、沖縄県の一六〇〇ｔに次いで大きな産地となっている。宮崎県は生産量では沖縄県に及ばないが、販売価格は一kg当たり五〇〇〇円弱（二〇〇七年度）とその他の産地を大きく引き離している。これは、加温栽培による早期出荷に重点をおいた栽培体系を組んで四月から出荷し、無加温屋根かけ栽培の沖縄県産が市場に出てくる七月までの市場を独占しているからである。

また、宮崎県では、樹上で完熟した着色良好な秀品の二Ｌサイズ以上・糖度一五度以上の果実に「太陽のたまご」というブランド名をつけて販売し、高級マンゴーとして高価格販売に成功している。

しかし、近年、ミカンやモモなどで用いられている非破壊近赤外線糖度センサーを導入してマンゴー果実を糖度で選別すると、基準に達しない果実が多く出るなど、ブランドから外れる果実もあり、これらをどうやって販売するかが課題となってきている。生産現場ではよりいっそう高糖度果実を生産する必要が高まっており、研究機関が取り組まねばならない課題が山積している。

マンゴーのハウス栽培は沖縄県と鹿児島県で始まったが、その後宮崎県でも成功したことから、近年では和歌山県、静岡県、千葉県と栽培地が徐々に北上してきている。現在では北海道でも栽培され、結実させることに成功している。要は、冬の最低気温を五℃以上に保てる施設栽培なら、どこでも栽培はできる。しかも、冬季に一五℃以下に気温が低下する地域のほうが、冬季が温暖すぎて花芽の着生が困難な沖縄県などより栽培が容易といえる。もっとも、近年のように暖房用燃料代が高くなってしまうと、よほどの高価格販売ができないと難しいかもしれない。

■コラム　沖縄マンゴーの先駆者・翁長進さん（沖縄県うるま市）

沖縄でマンゴー栽培の先駆者といえば翁長《おなが》進さん（写真4）である。翁長さんは昭和七年（一九三二年）台湾の嘉義市生まれ（台湾名：翁進銅）、一九六六年に沖縄県西表島の八重山開発㈱に就

写真４　沖縄マンゴー栽培の先駆者，翁長進さん

職するために来日した。その後ここでアーウィンの苗木を生産し、一九七七年にうるま市栄野比の松林を開墾してマンゴー畑をつくった。当初、周りの人は彼のことを白い目で見たそうだ。生活も大変で、家族六人が六坪のバラックに暮らす貧困生活を見かねた友人が役所に相談したが、土地をもっているとの理由で生活保護はもらえなかった。

そうした苦労をしながらも、マンゴー仲間の幸喜徳三さんと試験場の名護支場を見学に行き、簡単なビニルハウスの中で尺鉢に植えられたマンゴーの樹が果実を着けているのを見るなど研究に余念がなかった。幸喜さんは、その翌年に竹を利用して数本のマンゴー樹に簡単なビニール被覆をして初結実に成功。翁長さんも一九八〇年に自力で二五〇坪のビニルハウスをつくり、同年にアーウィンを初結実させて地元のテレビで紹介された。翌年にはさらに全国でも放送された。苦節一〇年、翁長さん四八歳の快挙であった。

翁長さんはその後さまざまな場でマンゴー栽培のノウハウを惜しげもなく公開し、沖縄のマンゴー栽培に貢献されてきた。氏はまた一九八三年に京都大学へ、その後は近畿大学へアーウィンの苗木を送って、大学でのマンゴー栽培研究に大きく力を尽くされた。

2　多彩な特徴をもつ果実

(1) 独特の香り

熱帯果実は一般的に香りが強い。代表的なのはドリアンで、日本人の多くはこの強烈な匂いが苦手である。栽培地のタイ人ですら嫌いという人もいるくらいである。またドリアンほどではないが、グアバやパッションフルーツといった果実も香りが強いので、好き嫌いが分かれる。

マンゴーもマンゴー臭と呼ばれる匂いの強い品種が多い。これはテルペン臭とも呼ばれるが、慣れない人は最初このテルペン臭に戸惑うものの、食べ慣れてくるとこの匂いがないと満足できなくなるようだ。わが国で栽培されている「アーウィン」は、このテルペン臭がほとんどなく甘い香りがするので、マンゴーを食べ慣れていない日本人にも受け入れられやすい。

(2) 球形から勾玉《まがたま》形まで果形もさまざま

マンゴー果実の部位の名称を、図10と11に示した。多くのマンゴー品種には果頂部付近の腹部に嘴《くちばし》のような突起がある。一番外側の果皮（外果皮）の内側に果肉（中果皮）があり、その内側に核（内果皮）があり、核の中に種子（胚珠）がある。

果実の外観は、「トルベット」という球形の品種から「ナムドクマイ」のような勾玉形に近いものまでさまざまな果形がある（図12）。果実全体だけでなく、果梗基部の形状にも先細形から平板状までさまざまあり（図13）、果頂部の嘴の有無および果頂部の形状（図14）もさまざまである。

(3) ビワ果実大から一・五kg超の大果まで

マンゴー品種の多くは五〇〇g前後の握りこぶし大の果実であるが、マプラン（日本名「アカタネノキ」*Bouea macrophylla* Griff.）というマンゴーに近い種ではビワの果実くらいのものもある（写

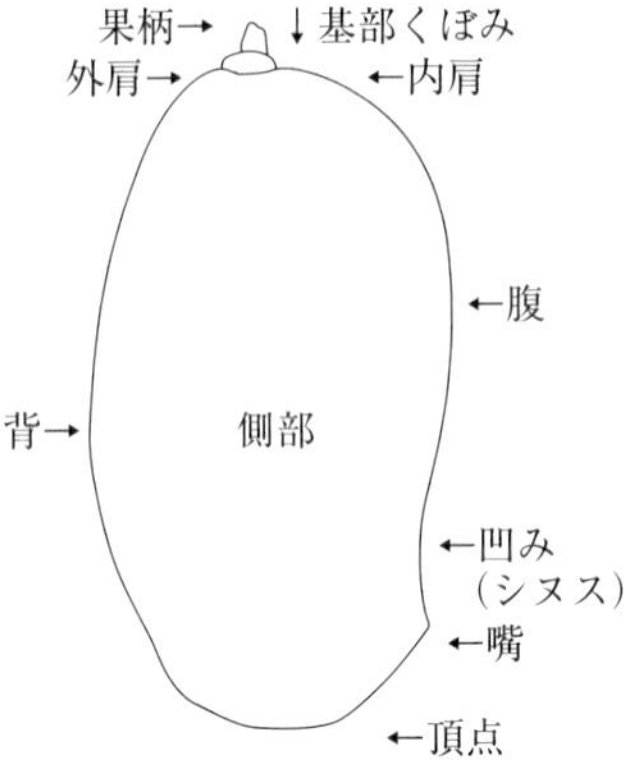

図10　マンゴー果実（側面）

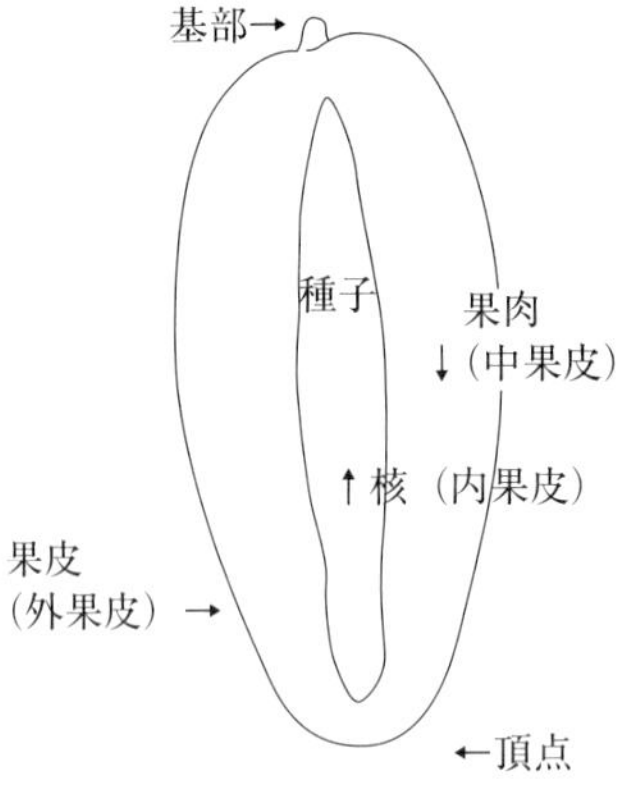

図11　マンゴー果実（縦断面）

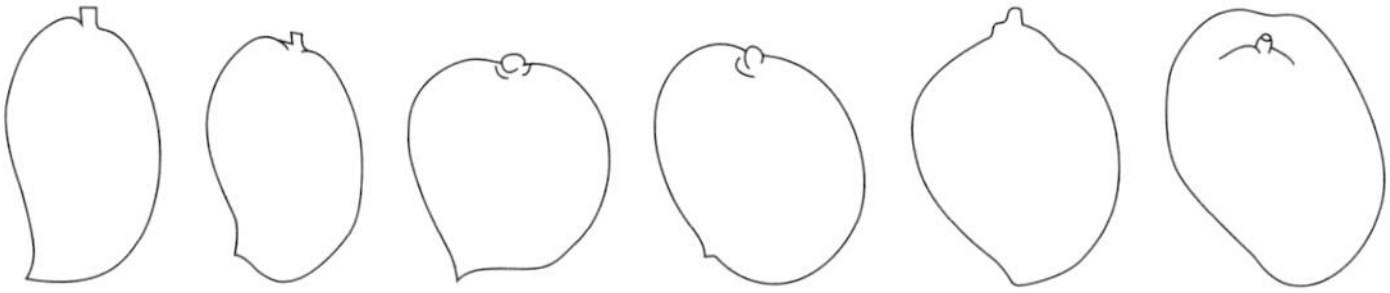

a　b　c　d　e　f

a：長楕円形　b：長円形　c：心臓形
d：斜卵形　e：卵形　f：斜長円形

図12　マンゴーの果実形態

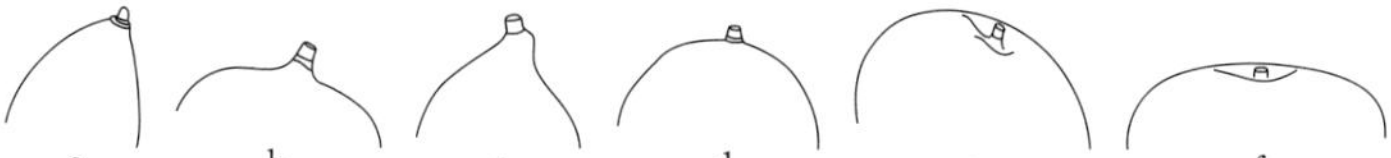

a　b　c　d　e　f

a：先細形　b：突形　c：首状
d：球状　e：斜球状　f：平板状

図13　果梗の形状

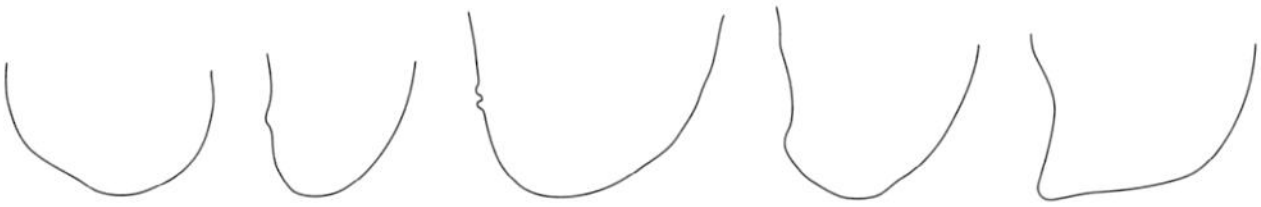

a　b　c　d　e

a：無し　b：有り　c：2個有り
d：顕著な　e：湾曲した

図14　果頂部の嘴の形状

（以上，図12～14は『特産果樹情報提供事業報告書（マンゴー）』より）

写真5　右端がマンゴー近縁種のマプラン。大きさはビワぐらい

真5）。また、アーウィンでは種子が形成されない場合に、大きなビワ程度にしか果実が生長しないことが多い。

一方、「キーツ」「ランセティーラ」のように果実の大きさが一・五kgを超える品種もたくさんある。「キーツ」では、果実が大きいぶん、種子が形成されなかった場合に五〇〇g程度でおさまり、かえって販売しやすい場合もある。すべて種子なし果実にできる技術が確立されれば、キーツのような大玉品種のほうが大きさの揃った果実生産がしやすいかもしれない。

(4)果皮色、果肉色も多種多様

マンゴーの果皮色も多種多様である。成熟果実の果皮色が赤色系の品種では、花にも赤い色素が見られ、反対に緑や黄色系の品種では花は黄色っぽい色をしている。また、単胚（受精胚が一個の種子で、一本の芽が発芽する。アーウィンが代表的）の品種では赤色色素が多く、多胚の品種では少ない傾向がある。

果皮の赤色は光線が当たることでアントシアニンができ、赤い色素となるので、着色をよくするためには果実に光線を当てる必要がある。栽培するうえでは、一般に緑や黄色系の品種のほうが赤色系に比べて炭そ病に強く糖度も高いが、消費者は赤色系を好むために、赤色系の優良品種の選抜が重点的に行なわれている。

果肉の色もさまざまだが、消費者はオレンジ色の濃い品種を好む傾向がある。しかし、果肉の色は品種特性の一つで、果肉色により甘さが違うということではない。もちろん、同一品種内では未熟時の白緑色から、熟度が進むにつれてクリーム色に変化し、品種により熟期には薄黄色から橙色になる。品種独自の果肉色になってから食べるのがもっともおいしいことはいうまでもない。

(5) 果肉の硬さもいろいろ

熟した果肉の肉質は、果肉中にある繊維の多少が影響している。野生種のマンゴー果肉には繊維が非常に多くて食べにくい。「アーウィン」は繊維が少なく、とくに繊維が気になるということはないが、「ラポザ」という品種は繊維がほとんどなくて果肉が舌の上でとろけるように感じられる。ただこうした品種は、果肉が輸送中に自分の重さを支えきれなくなって崩れやすく、出荷用に向かない。

産地でじかに食べてもらうような販売ならよいが、市場出荷するにはせめて「アーウィン」程度の繊維を有することが必要と思われる。

3　生育の特性と栽培ポイント

(1) 生長が早く強樹勢

東南アジアでは樹高が二五m以上、樹冠幅が二〇m以上に達しているマンゴー樹をよく見かける。インドで旅人が木陰で休息するために街路樹として植えられたというが、確かに木陰をつくるにはよい樹種である。このようにきわめて樹勢の強い樹種であるマンゴーを、日本ではビニルハウスという限られたスペース内で栽培しなければならないから大変である。わい性の優良品種があればよいが、現在の主力品種アーウィンの樹勢は中位であり、けっしてわい性ではない。そのため整枝・せん定でコンパクトな樹冠維持に努めなければならない。

(2) 深く伸びる直根、少ない細根

① 一〇mも伸びる直根

マンゴーの原産地には雨季と乾季があり、樹木は雨季の洪水による土壌中の酸素欠乏や乾季の土壌乾燥に耐えなければならない。このためマンゴーは、水分や酸素濃度が変化しない地中深くに直根を数本伸ばす性質をもっている（写真6）。沖縄農業試験場で着花の悪いハウスマンゴーの直根を掘り上げたところ、六mも地中に伸びていたという。また、鹿児島県のある農家がハウス内で地植え栽培から大鉢栽培に転換しようと樹を掘り上げたところ六m地点で折れたが、その地点でも直根の直径は五cmあったことから、さらに地中深く伸びていたことがうかがわれる。中には、一〇mにも達する直根があるといわれる。

そんな直根に対して表層の細根は少ない。細根は養分吸収を担っており、これが少ないと生育に必要な栄養素が吸えなくなり、果実生産量も低下する。ハウス栽培では直根を横に伸ばし、より多くの細根を表層に発生させて維持する必要がある。植栽の際に防根シートを敷きその上に定植し、適宜灌水を行なって細根を枯死させないことが重要だ。そのためには、土壌表面への有機物マルチの施用が有効である。

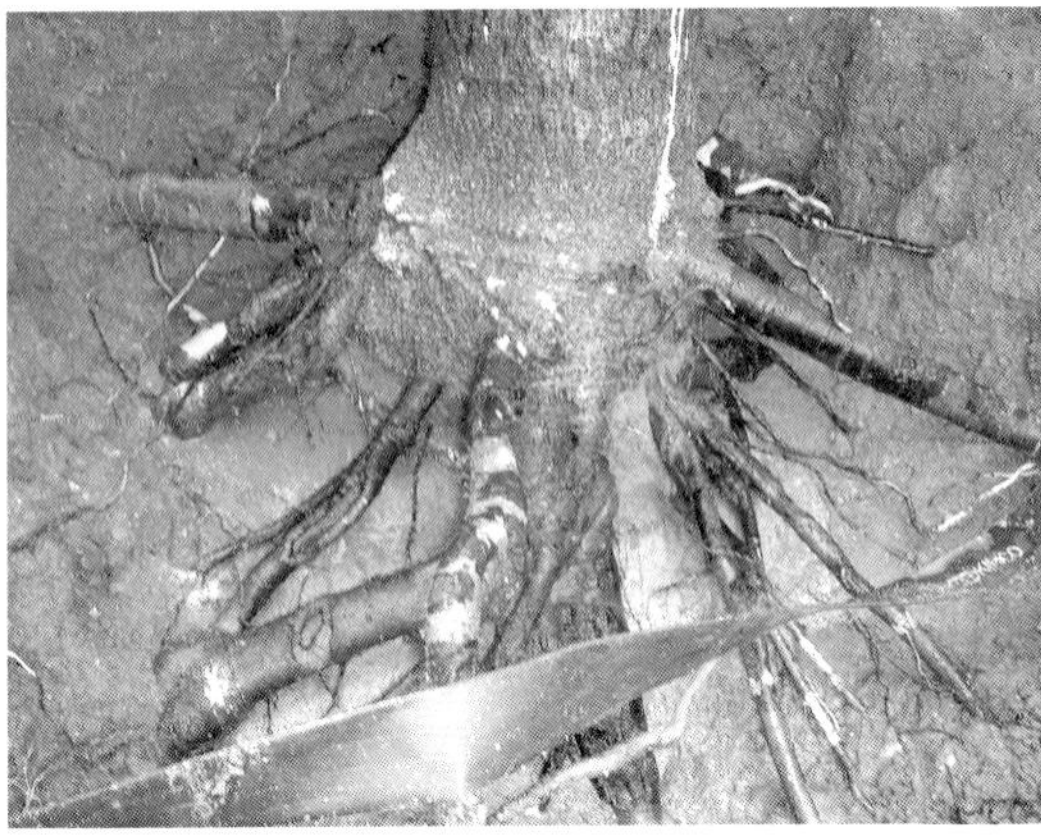

写真6　マンゴー樹の根。太い直根が長く伸び，細根が少ない

②春〜夏季の灌水は生産安定のポイント

マンゴーは乾燥に強く、降雨や灌水がなくても八ヵ月以上生き延びたという報告もある。マンゴーの幹や果実を傷付けると樹液が出てくるが、これが乾燥による葉の水ストレスを軽減する働きをしている。この樹液中には主にテルペン、フェノール、炭水化物の粘液が含まれる。乾季の長い地域で育ったマンゴーでテルペン臭が強いのは、こうした理由からであろう。

しかし、一般のハウス栽培では、花芽の発芽から発育、開花結実と、それに続く果実肥大の時期は土壌の乾燥を防止する灌水が必要である。

アーウィンのポット栽培試験で、水分ストレス状態を日の出前の水ポテンシャル（Ψ1）で見て、マイナス〇・三MPa以下なら無ストレス、マイナス一・二MPaだと有ストレスと見なして栽培したところ、開花一ヵ月後の結実率は無ストレス区で八％に対し有ストレス区は四％で、果実の大きさも無ストレス区は有ストレス区の二倍であった。春〜夏季の灌水による土壌水分の維持は生産安定にとても重要である。

(3) 新梢は年に二〜三度伸長する

① 伸びた新梢は樹勢回復の重要な役割をもつ

マンゴーは高温で適度な土壌水分があると、新梢の発生をくり返す。雨季と乾季のある地域でさえ二〇mもの高木になる。熱帯でつねに灌水してやったら、とんでもない巨大な樹に生長するだろう。しかし実際には乾季に開花して果実生産を行なうので、樹の生育は抑えられている。

マンゴーの新梢は春の開花から夏の果実収穫までは生長が抑制されているが、収穫後になると発生し、養分の蓄積をはかる。収穫後は水と肥料を十分にやってこの新梢を充実させ、新たな花芽分化へと導いてやる必要がある。

② 新梢伸長は収穫後の二回以内に調節

新梢は伸長を停止して充実すると、先端部（頂芽）が発芽して再度生長を始める。そしてこれが充実すると花芽を着けるが、このようにマンゴーの枝梢は先へ先へと伸びていく性質（頂芽優勢性）があり、放っておくとすぐにハウスの天井につかえてしまう。そこで、収穫後は結果枝を一伸長節（新梢が一回の発芽で伸びる長さ）から二伸長節程度切り戻す。こうすると先端部から新梢（緑枝）が発生し（図15①）、それが充実すると二度目の発芽が見られ（図15②）、翌年その先端に花芽を着ける（図15③）。しかし、沖縄南部のように秋が高温だと花芽を着けず、さらに新梢が発生すること

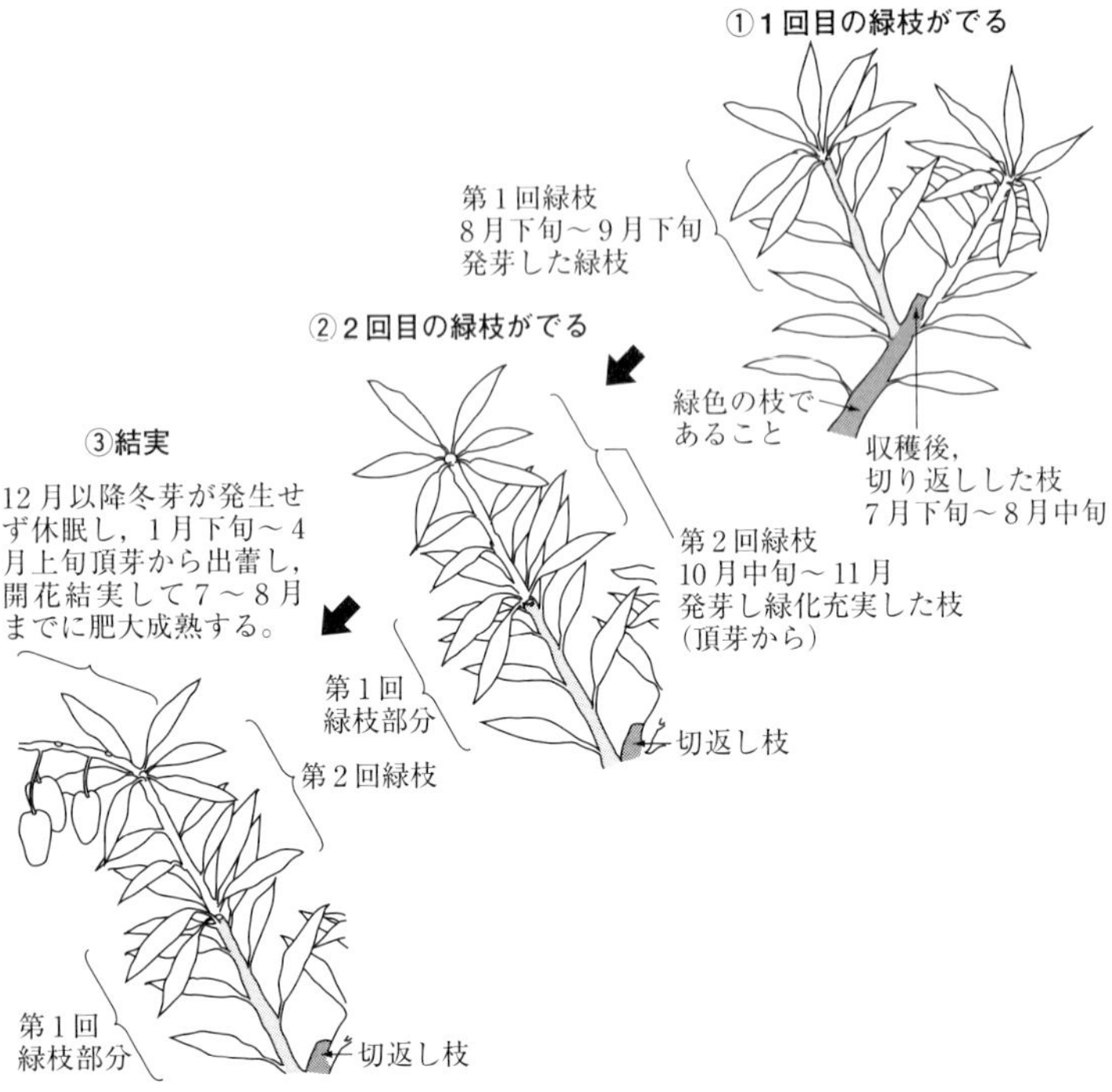

図15　マンゴーの結果習性

が多い。この三回目の新梢の発生を許してしまうと、十分な養分蓄積が行なわれず、先端に花が着かない。翌年の果実生産はできなくなるのである。

樹形を整えるうえからも、また連年結果のためにも、三回目の新梢の発生は何としても防ぎたい。

③枝は水平に誘引して、花芽を着ける

施設栽培の棟高はだいたい三・五～四・〇m程度である。このため、マンゴーは超低木仕立てを行なう（写真7）。

地上約三〇cmで主幹から発生する主枝をほとんど水平に伸ばし、この主枝から出す亜主枝もほとんど水平に伸ばして、樹形を地上一m以下に納める。さらに、亜主枝から発生する側枝も、結果枝も水平に誘引して、先端部に花芽を分化させる。

写真7　マンゴーは超低木仕立てを行なう

前述のように、マンゴーは収穫後の樹勢回復に二回程度の新梢発育は必要だが、三回目を発生させてしまうと花芽は着かない。ところが、二回目に発生した枝も水平に誘引してやると、三回目の新梢発生が防止でき、枝内の養分蓄積が促進されて花芽分化へとつながる（写真8の①②）。この誘引作業は労力がかかり、成木一樹の作業を二人でやって一時間以上かかることもある。また花芽が出てきたら今度はその花房をヒモで引き上げて、地上部一・五m程度の位置につり上げる。こうすることで十分な日光と通気性が確保され、訪花昆虫による受粉の促進と果実の着色促進がはかられる。また、病害虫防除もしやすくなる。この労力も、マンゴー栽培では大きなものとなっている。

写真８　樹を低く，枝は水平以下に誘引する（①：誘引前，②：誘引後）

■コラム　タイなどでは植物成長調整剤で着花促進

マンゴーを周年収穫するためには、新梢の発芽を二ヵ月間以上抑制すればよい。このために東南アジアで、パクロブトラゾールというジベレリンの働きを抑制する植物成長調整剤を葉面散布、もしくは土壌灌注して新梢の発芽を抑制する方法が研究されている。ある程度その使用方法もわかってきて、すでにマンゴーやドリアンで使用されている。

マンゴーの場合、葉面散布で一五〇〇ppm、土壌処理では樹冠一㎡当たりに一gを適当な量の水に溶かして施用するが、やりすぎると樹が衰弱してしまう危険性がある。

④未結果枝から伸長した新梢は、切り返して予備枝に

すべての花房が結実するわけではない。結実しなかった花房は落下して、その基部周囲からは新梢が伸びてくる。これをそのまま伸ばすと、果実の上にかぶさって生育や着色を阻害する。そこで、一伸長節程度切り下げて強い新梢を発生させ、この枝を翌年の結果母枝（予備枝）として育てる。この枝は予備枝となるばかりでなく、他の枝に成っている果実の生産も補助する。

⑤結果枝は、果梗のついていた枝まで切り返す

結果枝の果柄は基部に離層ができて落下し、その基部周辺から新梢が発生する。これを伸ばしてしまっては樹冠が外へ外へと広がってしまうため、収穫後なるべく早い時期に結実していた枝を一〜二伸長節分切り返す。前年に二伸長節伸ばして果実を収穫し、収穫後に一伸長節分切り戻すと、その分だけ樹冠が外に広がっていくことになる。

(4) 多くの小花を着け、開花期間が長い

① 枝先に房状の花を着ける

マンゴーの花（房状なので花房という）は枝の先端部に着く。これはウルシ科の特徴で、クスノキ科のアボカドも同じように枝の先端に花房を着ける。和歌山県など冬季に五℃程度の低温で越冬させる栽培では、腋芽に花房が発生することもある。この花房は専門用語で「総状花序」といい、まっすぐに伸びた主軸から一次花穂枝が出て、一次花穂枝から二次花穂枝が出て、二次花穂枝から三次花穂枝が出る円錐形の花序（花房）である（二〇ページの写真2参照）。花序にもさまざまな形態があり、花ばかりの花序、花と葉の混合型花序、葉の上部に花がつく移行型花序、花の上に葉がつく移行型花序などがある（図16）。

この花序（花房）中に両性花と雄花が存在する（図17）。両性花には花弁とがく片がそれぞれ五枚、雌ずいと雄ずいがそれぞれ一本（たまに稔性の雄ずいが二本ある）、退化した雄ずいが四本と発達した子房がある（写真9）。雄花には雄ずいが一個あるが子房は退化して雌ずいはない。もちろん、結

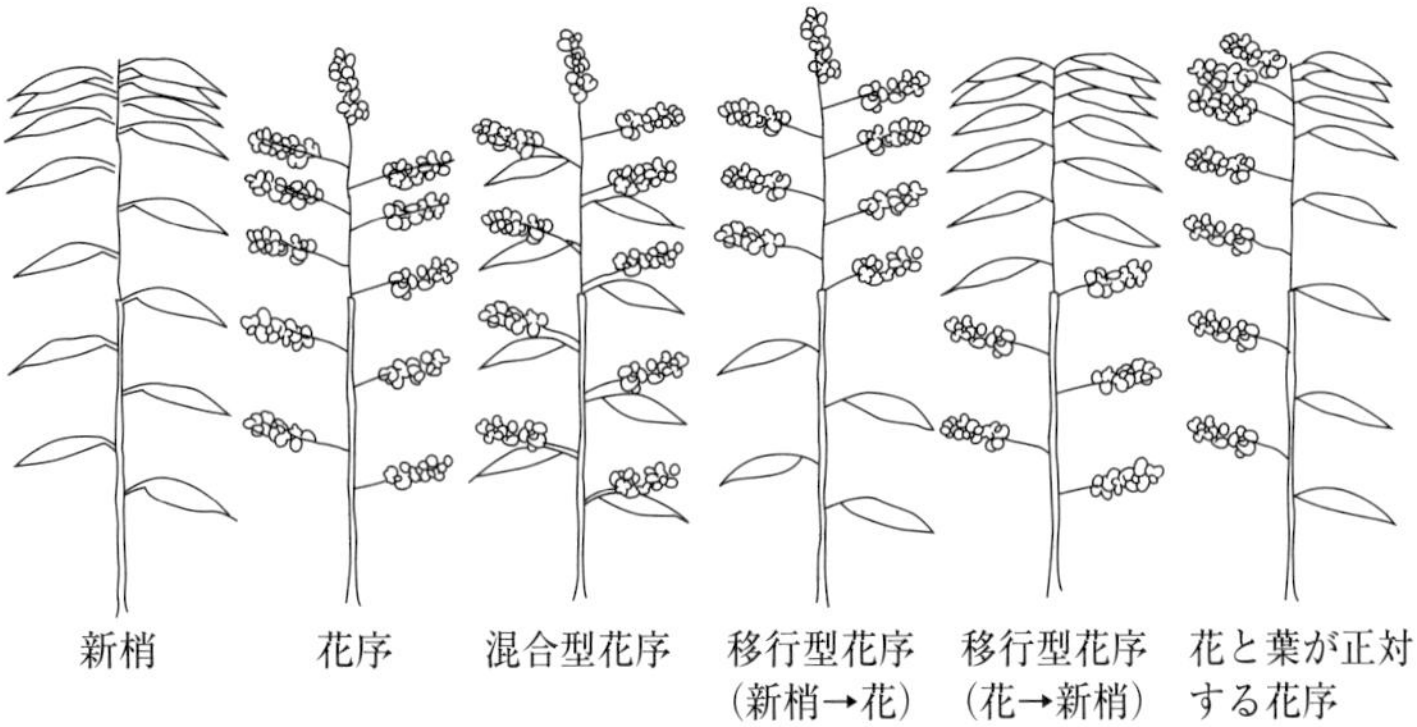

図16　マンゴー花序の形態

The Mango: Botany, Production and Uses (Edited by R. E. Litz, Tropical Research and Education Center, University of Florida, USA) より作成。

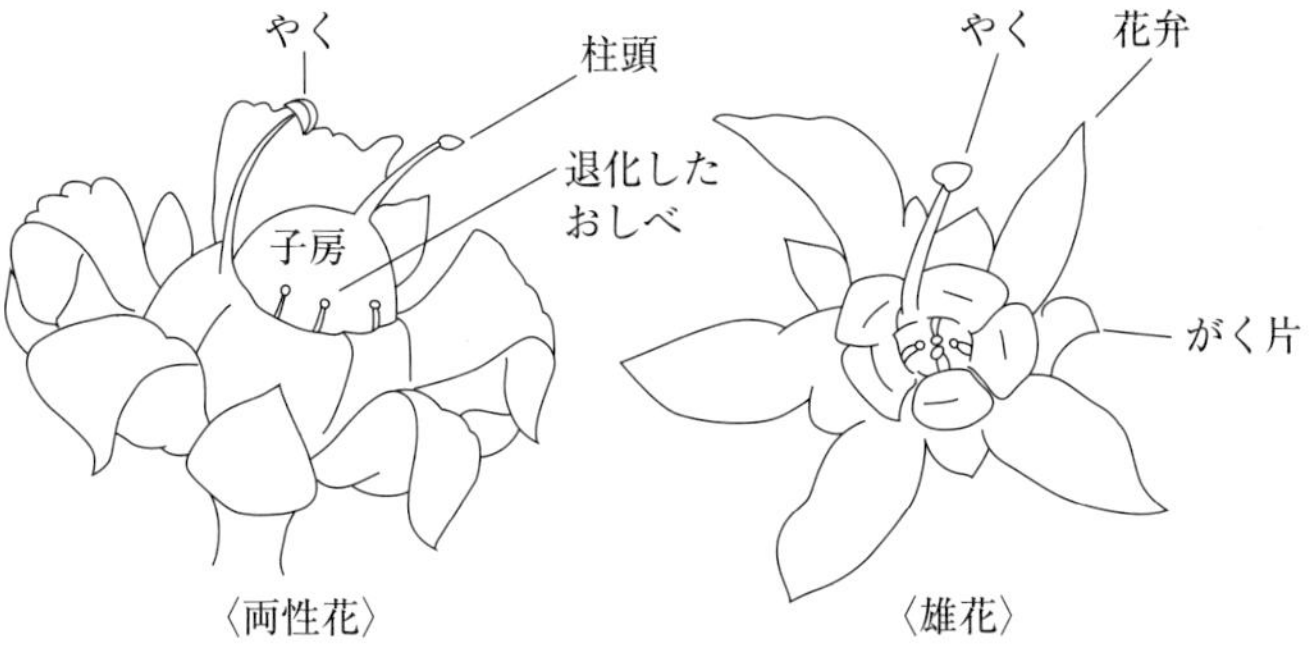

図17　花の構造

写真9　正常花（両性花）

雄ずい，雌ずい各１本。発達した子房がある。

実する可能性のあるのは両性花であり、両性花の割合が一〇％以下になると結実数が減少するといわれる。

開花前から開花期にかけての気温は花の性別に影響を及ぼさないが、土壌乾燥は両性花を減少させる。隔年結果する品種では表年には両性花が多くなる。現在わが国ではどちらも登録がないが、開花前の花穂へのジベレリン処理では両性花が減少し、ＢＡ（ベンジルアデニン）やパクロブトラゾールの散布では両性花が増加する。

なお、花序の中央部から先端部にかけて両性花が多いことが、この部分によく結実する理由であろう。

②低温で花芽分化、だらだらと咲く

夜温が五～一〇度に低下する亜熱帯では樹全体で一斉に花芽分化し、熱帯では夜温一〇～一八度に低下すると一樹の一部の枝で花芽分化するとされている。熱帯は年中高温なので、乾季の水分ストレスが花芽分化に関わるというのが通説だったが、土壌乾燥よりも低温の影響のほうが強いことはいうまでもない。

花芽分化は、本土でも沖縄県でも十一月から一月にかけておこり、その後気温が上昇してくると花芽が発芽・生長して開花する。

マンゴーの花序は先へ先へと分化して（無限花序という）、多いときは一花序中に一〇〇〇個以上の小花をつける。これらの花は約一ヵ月間にわたって次々に開花し、高温ほどその期間は短くなる。また、開花後期は両性花の割合が低くなる。開花期間中に開花してしおれた花が花序に付着してそのままだと、カビの発生の原因となる。こまめにゆすって落としてやることが重要である。

ところで沖縄県の開花期間が二〜四月と長いのは、一樹の中で均一な花芽分化がなされないためで、遅れ花序が発生して全体として長期間の開花となる。また、本土でも開花期間が三月から五月にかけてと長くなるのは、ハウスの温度管理、あるいは一度着いた花を摘芯してふたたび花序を発生させる抑制栽培のためである。

宮崎県の加温促成栽培では、加温開始時期によって開花期を十二月から二月に調整しているが、夜温を二五℃程度に設定しているハウスでは開花期間は二週間程度と短くなる。

(5) 低い結実率、収穫できるのは一%以下

① ハエが花粉を媒介

マンゴーの花は、昆虫によって花粉が運ばれる虫媒花といわれる。主な花粉媒介者はハエだが（写真10①）、ハナアブ（写真10②）、ミツバチ、チョウ、ガなども関わっているようである。南西諸

写真10　マンゴーの花粉を媒介するキンバエ（①），ハナアブ（②）

島では簡単に手に入るキンバエを増殖してハウス内に放飼しているが、本土ではミツバチが多く用いられている。沖縄県といえども二月、三月は、日中の気温が一五℃以下になることがある。こうなるとマンゴーの開花期でもキンバエがほとんど活動しないので、受粉は行なわれない。この時期はキンバエなど花粉媒介者が活動しやすい環境をつくってやることが大事で、そのような環境は花粉の発芽や花粉管の伸長にも好適である。

なお、ミツバチの放飼で注意が必要なことは、ハウスビニルに紫外線カットビニルを絶対に使わないことである。ミツバチは紫外線がないと方向がわからなくなって飛べなくなる。もっともミツバチはビニルハウスの居心地があまりよくないらしく、ハウスを開けるとさっさとどこかへ逃げて行ってしまう。

②　咲いても受精しない花が多い

マンゴーでは開花した花の八〜一三％で結実するが、収穫まで至るのは一％以下といわれる。ほとんどの果実は一週間以内に落果してしまうが、これらは不受精果実である。この落果は果実がアズキ大からエンドウマメ大になっても続く。さらに一寸ソラマメ以上の大きさになっても続く。この時期は花序を手でゆすって落ちるような果実は、早めにゆすって落とす。

生理落果の主な原因は胚の死滅だが、他の果樹と同様、果実間での養水分の競合でも助長される。したがって、なるべく早く摘果して競争を少なくしてやることが肝要である。ソラマメ大のときに一花序内に四～五個に（一次摘果、図18）、その後の様子を見ながらさらに一～二個に制限する（二次摘果、写真11）。

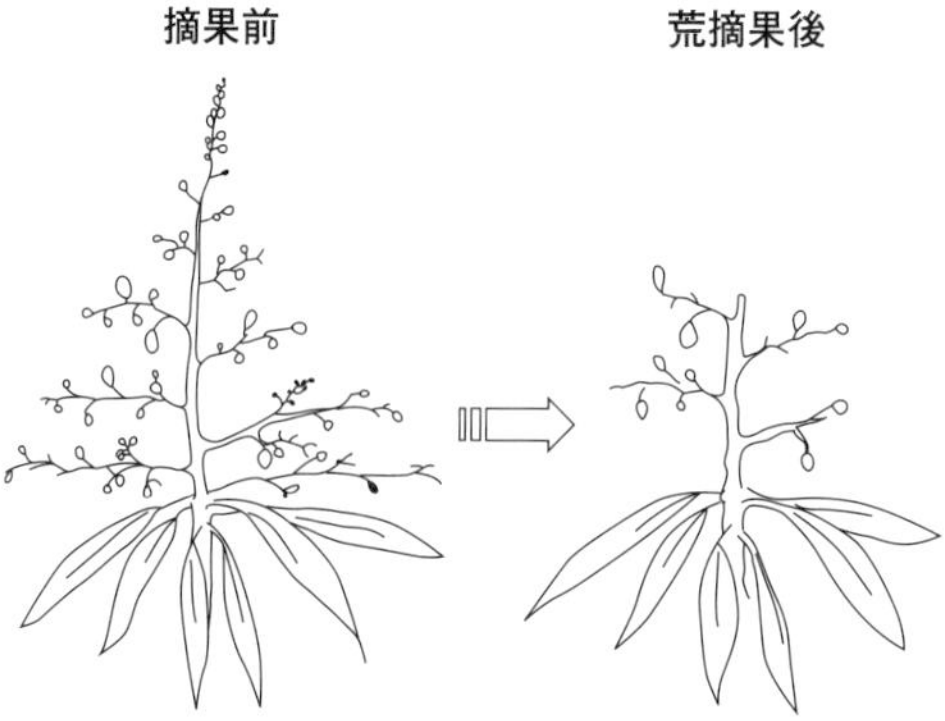

図18　1次摘果で1花序4～5果に制限する

写真11　最終摘果前の幼果。このあとさらに1果房1～2果にしぼる（2次摘果）

③確実な受精、着果管理が多収のポイント

マンゴーで自家不和合性は少ない。「アーウィン」だけ栽培しても種子が形成される。しかし、他品種を混植して他家受粉させたほうが、結実率はさらに高まるかもしれない。

キンバエやミツバチを放飼して受粉率を高めるとともに、花粉の発芽や花粉管の伸長に最適な二三〜三〇℃の温度管理に努めること、また絶対に土壌を乾燥させないこと、太陽光線を花序に当てて花粉の媒介者が訪花しやすくすること、結露して花序にカビを発生させないようハウス内を乾燥気味に管理すること、要素欠乏（ホウ素など）を防ぐ葉面散布などが重要な管理ポイントになってくる。

④訪花昆虫の利用と温度管理

マンゴーの花は虫媒花とされている。マンゴーが花房一つに数千個もの小花をつけるのはこの昆虫による受粉の確率を高めるためと思われる。観察していると、アザミウマ、アリ、ハナアブ、チョウ、ミツバチ、ハエなどが訪花している。あとで述べるが、マンゴーを試験栽培している近畿大学の湯浅農場では開花期にミツバチを入れて結実率を高めている。沖縄では一般にキンバエを利用している。

またマンゴーの受精には二〇℃以上が必要で、開花期には最適温度を保たなければならないし、土壌を乾燥させないことがポイントである。

■コラム　大果系品種は、無胚果実が売り物になる!?

写真12　キンコウの無胚と有胚の果実

無胚果実（左）のほうが500g程度と手頃な大きさに。

「キーツ」や「キンコウ」といった大果系品種の場合、胚が死滅した無胚果実でも三〇〇～五〇〇gぐらいまで育つ（写真12）。しかもこれら無胚果実は糖度が高い傾向があり、消費者には好まれる。すべての果実を無胚（いわゆる種なしブドウのような）にしてしまう技術が開発されれば、ちょうど手頃な五〇〇g程度の果実出荷が可能になる。しかし、現在の主力の「アーウィン」ではせいぜいピンポン玉程度にしかならず、経営は成り立たない。本文にあるような対策を駆使して、きちんと受精させていくことが求められる。

(6) 隔年結果性が強い——樹勢バランスをつねに気にしておく

① 成らせすぎに注意

「アーウィン」は隔年結果性の強い品種である。宮崎県の定植三年後から六年後までの収量の推移をみると、そのことがよくわかる（二二ページの表3）。また、定植して五年目で一〇a当たり二t以上の収量をあげることも可能なことがわかるが、成らせ過ぎると翌年の花の量や質が低下し、収量低下を招く。

そのためには、摘花（果）をきちんと行なうことが大事である。

前述のように、マンゴーの花は細くて弱い枝にも着くが、結実させても途中で落ちるか、無胚の小玉果になるだけである。このような枝では早めに摘花して、その葉を他の枝の果実生産に働かせたほうがよい。また、開花後は果実がソラマメ大のときに一花序四～五果残す摘果を行ない、負担を減らしてやる。

その目安は果実の腹部の形状を見て、凹んでいるものは胚が死滅しているので全部摘果する。そのほかに奇形果実、果頂部がとがっている果実や傷果も摘果する。胚の生育のよい果実は縦長で果皮の輝きが強いので、このような果実を残す。

②非着果枝は予備枝に設定

着花しない枝が何%か必ずできる。これを放置するとその先端部から新梢が伸びて果実に覆いかぶさり、発育を阻害するので、開花が終了した時点で切り返して、翌年の結果予備枝として残す。また、開花したが結実しなかった枝についても、同様に切り返しを行ない翌年の予備枝として利用する。

③施肥、灌水を十分に行なう

また、果実肥大期には十分な施肥と灌水を行ない、乾燥ストレスをけっして与えてはいけない。乾燥ストレスは果実の早期落果や生育不良の一番の原因である。マンゴーはミカンと異なり、乾燥ストレスを与えたからといって糖度が上がるわけではない。

しかし、いくら施肥や灌水をしても吸収する細根がなければ意味がない。施した肥料分や水がすぐ吸収できるように、細根を地表近くの浅い部分に少しでも多く張らせておきたい。そのためには客土や有機質の投入、前にも述べた土壌表面への有機物マルチと定期的な灌水が有効である。

細根が少ない場合や衰弱している場合は、葉面散布で樹勢を回復してやると、新梢が発生する。新梢発生に続いて根の生長が始まるから、土壌中の肥料や水が吸収されやすくなり、樹勢の回復が進む。

秋に気温が下がる本土では、収穫後できるだけ早期に新梢を発生させて樹勢を回復させておかないと、低温で花芽はできても奇形花や雄花が多くなって、結実量が少なくなる。早期の樹勢回復が重要である。

第3章　品種の特性と生かし方

1　系統と品種

写真13　フロリダで行なわれたマンゴーフェスティバルで見つけたさまざまな品種

(1) マンゴー属は約一〇〇種

マンゴー属（Mangifera）には約一〇〇種が知られている。われわれが一般にマンゴーと呼んで、食用にしているのは、このうち *Mangifera indica* Linn. という種だが、これ以外で食用になるのに、フィリピンマンゴー（*M.altissima* Blanco. Syn.

M.solomonensis)、クイニマンゴー（*M. ororata* Griff. 別名ニオイマンゴー）、ウママンゴー（*M. foetida* Lour.)、ビンジャイマンゴー（*M.caesia* Jack.)、パウマンゴー（*M.peniandra* Hook.F.)、スパムマンゴー（*M.longipetiolata* King.)、アサムマンゴー（*M.quadrifida* Jack)、ラワマンゴー（*M.microphylla* Griff.)、ケマンガ（*M.kemanga* Blume)、ネパールマンゴー（*M.sylvatica* Roxb）がある（写真13）。

(2) 二系統に分類

われわれが食べているマンゴーは、大きくインド系と東南アジア系との二系統に分けられる。

インド系は、非常に暑い夏と涼しい冬があるインドモンスーン地帯の乾燥した亜熱帯に発生し、東南アジア系は常時高温で湿度の高い熱帯から発生したものである。

① 交雑育種親にいい、単胚、赤色果皮のインド系（亜熱帯系）

インド系マンゴーの種子は単胚（monoembryonic seed）であることが多い。単胚種子は他家受粉による交雑により生まれ、この種子を播種して得られた樹は母親とは異なる性質をもつ。さまざま

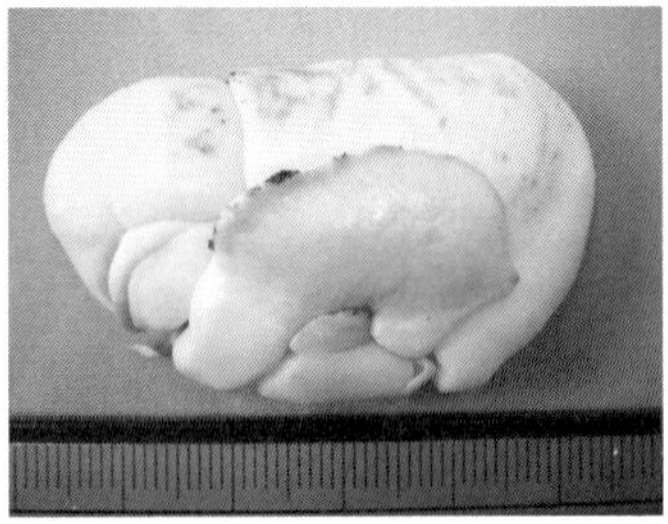

写真14　チョカナンの多胚種子

なマンゴーの品種はこの交雑種子から選抜されたもので、現在もイスラエルやフロリダなどで優良品種の交雑育種が行なわれている。

インド系マンゴーの特色としてはほかに、果皮に赤い色素が含まれることがある。消費者の多くは赤色のマンゴーを好むため、より赤い色をした品種の選抜が求められている。「アーウィン」は赤色の濃い単胚種子だから、これを母親にしてより食味の濃い品種の花粉を交配して、赤くてしかも食味の濃い新品種が誕生する可能性は高い。近畿大学湯浅農場では台湾の単胚品種「キンコウ」を母親に「アーウィン」の花粉を交配して得られた実生から、赤くておいしい新品種「愛紅」（アイコウ）を作出し、品種登録出願中である。

② 台木品種に向く多胚、黄色果皮の東南アジア系（熱帯系）

東南アジア系のマンゴー種子は多胚（polyembryonic seed、写真14）であることが多く、果皮は黄色から緑色が多い。多胚種子の特徴は、一つの種子からいくつもの芽が発生してくることで、そのうちの一つは交雑によるものだが、その他は珠心胚と呼ばれる母親と同じ遺伝子をもつ胚から発生する。この珠心胚実生のほうがだいたい生育も旺盛で、交雑実生のほうは弱く、競争に負けて枯れてしまうことが多い。したがって、多胚品種の種子を播種して苗を生産すると、母親と同じ性質の苗ができる。この同じ性質をもつ実生苗を台木に優良品種を接ぎ木することで、均一な苗木が生産できる。マンゴーを含む多くの果樹では、多胚種子の実生を台木として優良品種を接ぎ木し、苗木の増殖を行なっている。わが国のマンゴー台木として多く用いられている台湾在来種子（強樹勢の柴マンゴー）も多胚種子である。

以上の二系統に含まれる品種は、六〇〇以上といわれている。アメリカフロリダ州にあるフェアーチャイルド・トロピカルガーデンではこれらマンゴー品種の収集・保存を行なっており、約二〇〇品種を保存している。著者はここから約八〇の優良品種を導入して、栽培適応性の試験を行なっている。そのうちのいくつかを次に紹介してみよう。

2　代表的な品種と選び方のポイント

(1) 代表的な栽培品種

●以下は主に、日本人が食べやすい品種である。

①アーウィン

写真15　アーウィンの結実

比較的冷涼な亜熱帯での栽培に適する（写真15）。豊産だが、種子なしの小玉果実がつきやすい。炭そ病に弱く、貯蔵性もない。収穫期になると落果するので袋やネットで包んでおき、その中に落果したら収穫する。落果する一～二日前には果皮が赤紫色から鮮紅色に変化するので、容易に見分けがつく。

甘い香りが強いがマンゴー臭はほとんどない。糖度はマンゴー品種の中では低位に位置する。香りは抜群であるが食味は淡泊。しかし淡泊だからこそマンゴー初心者に受け入れられやすく、「マンゴーの入門編」と呼ばれている。

沖縄県の雨よけハウス栽培で多収だったことから、わが国のマンゴー栽培のパイオニア品種となった。果皮色は熟すと鮮紅色で、白い斑点が多い。果肉は黄色で、繊維は少、果実重は三四〇～四五〇g。樹勢は中。一九三九年に「リペンス」の実生としてフロリダで生まれ、一九四九年にアーウィンと命名された。フロリダでの品種選抜の流れを図19に示しておいた。

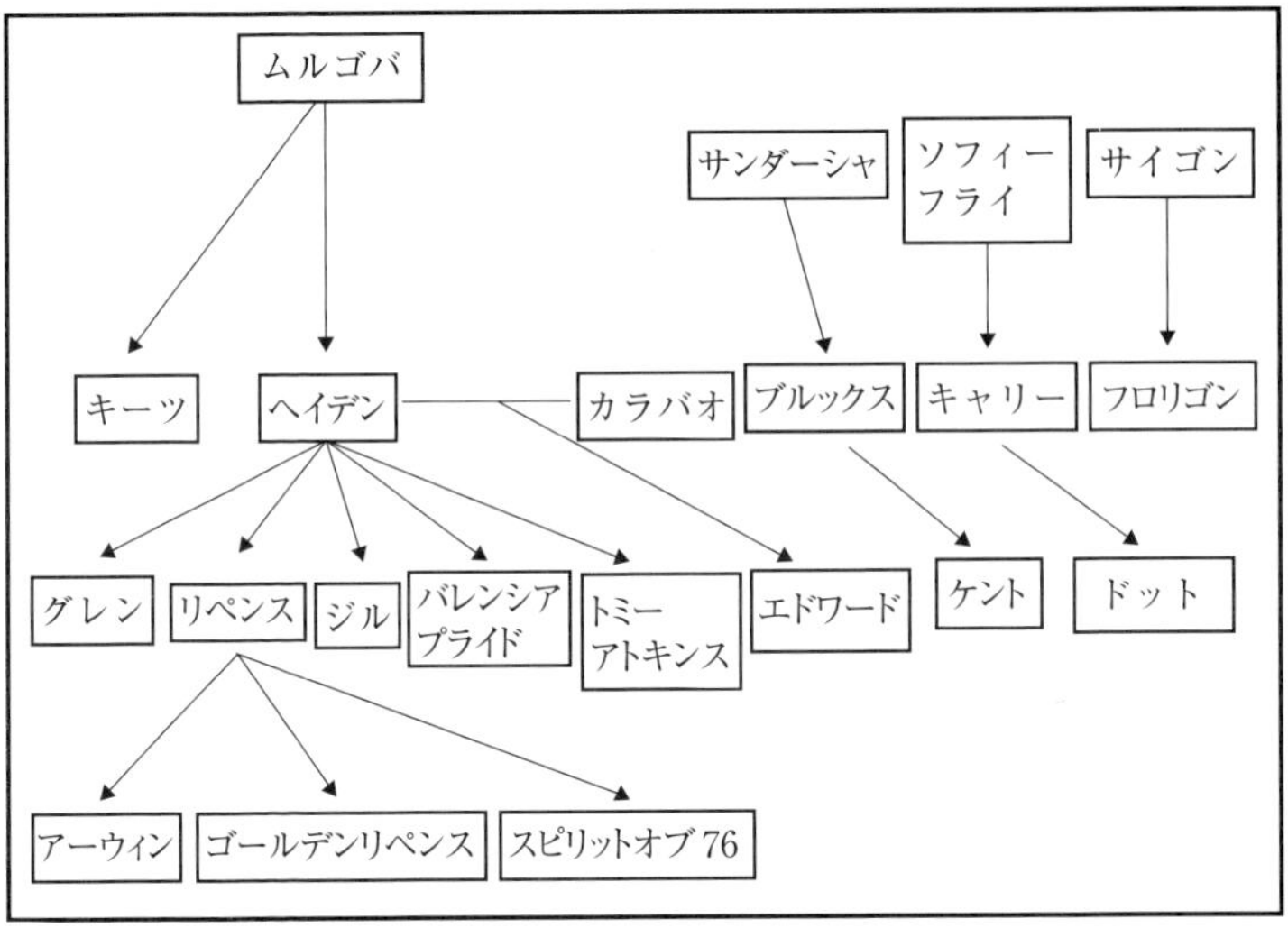

図19　フロリダマンゴー品種の系図

ムルゴバは1889年にインドより導入され，1902年の寒波で地上部枯死。その後台木より発芽して結実。サンダーシャは1901年にインドより導入。サイゴンは1904年にインドシナより導入。

②ケント

食味はマンゴー品種の中でも上位だが、貯蔵性がやや劣る。この品種の問題は赤色系品種なのに日本やフロリダでは赤色がつきにくく、また果肉崩壊症が発生しやすいことである。マンゴー臭は少なく、香りはそれほど強くはない。果皮は赤色で黄色の小さい斑点が多く入る。果肉は橙黄色で、繊維は少、果実重は六〇〇～七五〇g。樹勢は強。一九三二年に「ブルックス」の実生としてフロリダで生まれ、一九四五年にケントと命名された。

③ヘイデン

ハワイの主要品種で食味がよい。日本では結実させにくいが熱帯では結実

写真16　トミーアトキンスの結実状態

する。炭そ病に弱く、果肉崩壊症にもなりやすい。マンゴー臭は中位で、香りが強い。フロリダでは長くマンゴー産業を牽引してきた品種である。「アーウィン」同様に種子なしの小玉果実がつきやすい。果皮は赤色で黄色の小さい斑点が多い。果肉は濃い黄色で、繊維は中から多。果実重は五六〇～六八〇g。樹勢は強。一九〇二年に「ムルゴバ」の実生（たぶん花粉親は「ターペンタイン」）として生まれ、一九一〇年にヘイデンと命名された。

④ トミーアトキンス

「キーツ」とともに世界ではメジャーな輸出用品種（写真16）。炭そ病に強く、豊産性。しかし、過熟になると果肉崩壊症が出やすい。貯蔵性はよいが、食味はいまいち。ただし、完熟させればマンゴー臭は少なく、アーウィンのような甘い香りが強い。果皮は赤色で白色の小さい斑点が多い。果肉は黄色から濃黄色で、繊維は中、果実重は四五〇～七〇〇g。樹勢は強。一九二二年に「ヘイデン」の実生としてフロリダで生まれ、一九四八年にトミーアトキンスと命名された。

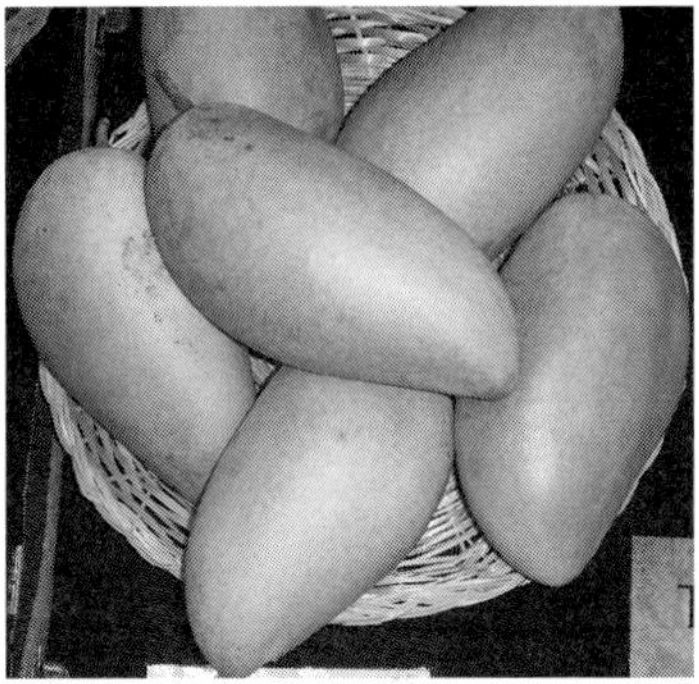

写真17　フィリピンの主要品種カラバオ

写真18　タイの主要品種ナムドクマイ（右）と，強樹勢のケーオ

⑤キーツ

大果で一・五kgにもなる。食味のよい豊産性の晩生品種。収穫後に追熟させて食べる。完熟しても落果しないため、収穫適期の判断が困難。マンゴー臭は少なく、甘い香りは中くらいで、少し酸味もあり食味は非常によい。炭そ病にも強い品種である。果皮は黄緑色で白や黄色の小さい斑点が多い。果肉は黄色からやや橙黄色で、繊維は少。果実重は五一〇～二〇〇〇g。樹勢はやや強。一九三九年に「ムルゴバ」の実生としてフロリダで生まれた。

⑥カラバオ

フィリピンの主要早生品種（写真17）。酸味があるが、完熟させれば美味。貯蔵性は低い。日本に昔から輸入されているが、未熟果で収穫されるためか、酸味が強い。沖縄では結実性が悪い。果皮色は黄色で、果皮に小さい緑色の斑点が多く、果皮は果肉か

写真19　オーストラリアの主用品種ケンジントン

写真20　インドの晩生品種ニーラム

ら剥がれやすい。果肉は黄色で繊維は少。果実重は二七〇～四四〇g。樹勢は強。多胚種子。

⑦ナムドクマイ

タイの主要早生品種（写真18）。高品質果実がロイヤルマンゴーという商標で近年輸入されている。酸味が少なく甘みの強い品種で、やや未熟で収穫しても十分な甘さがある。不時着花性があり、植物生長調節剤などを用いた花成誘導で周年生産がしやすい品種でもある。

バクテリアによるブラックスポット病に抵抗性。果皮色は黄色で一部桃色を呈することもある。果皮には緑色の小さな斑点が多く、果肉は黄色で、繊維は少。マンゴー臭は少ない。果実重は三四〇～五八〇g。樹性は強。多胚種子。

⑧ケンジントン（ケンジントンプライド）

オーストラリアの主要中生品種で豊産性（写真19）。近年日本に輸入されている。食味の非常によい品種。果皮色は黄色に一部赤橙色を呈する。果肉は黄色で、繊維は少。果実重は三五〇～七五〇g。この品種の特徴として、果実から出る乳液状の液体が多く、この液体が果皮に火傷症状を引きおこしやすい。樹勢は強。多胚種子。台木としても利用可能である。

●以下は、熱帯果樹独特の濃いおいしさをもっている品種。

①ニーラム

インドの晩生品種（写真20）。樹はわい性。果皮色は黄色で、白く小さい斑点が多い。果肉は濃い黄色で、繊維は少。マンゴー臭がややあるが、甘みが強くておいしい。果実重は二三〇～三〇〇g。樹勢は中。単胚種子。

②ドット

フロリダの中生品種。マンゴー臭、甘い香りとも強く、非常に食味がよい。慣れるとやみつきになる。この品種の特徴は収穫期間が長く、収穫初めから終わりまで二ヵ月間にわたって収穫できる。アーウィンのような無核の小果実が結実することが多い。果皮は赤橙色で、サビ状の小さい斑点が多い。

写真21　インドの優良中晩生品種アルフォンソ

果肉は濃い黄色で繊維は少。果実重は二六〇～四五〇g。樹勢は中。単胚種子。

③アルフォンソ

インドの優良中晩生品種（写真21）。インドではアパス、バダミ、ハパス、カグディ、カダー、カダーパサドなどの異なる名前で呼ばれている。輸入果肉ペーストは日本でアイスクリームやジュースに加工されていたが、昨年からは生果実も輸入。果皮色は黄色で一部に赤橙色を呈する。果肉は黄色く繊維は少。インドの品種は低温では追熟が困難で、二七℃くらいの温度で追熟するとすばらしい風味が出る。果実重は二二五～三三五g。樹勢は強。単胚種子。

④キャリー

フロリダの豊産性の早生品種。果皮は緑黄色で、黄色い小さい斑点が多い。果肉は橙色で繊維は少。果肉は軟らかく、麝香《じゃこう》の香りが強い、食味のよい品種である。果実重は一八〇～四四〇g。樹勢は強。「ソフィーフライ」の実生としてフロリダで生まれ、一九四〇年にキャリーと命名された。単胚種子。

(2) 今後注目の品種

●以下は、日本に導入されている注目品種で、いずれも栽培可能である。

①ラポザ

ハワイの豊産性の早生品種（写真22）。アーウィンの実生選抜種で、繊維がほとんどなく、とろけるような舌ざわりの最高の食味。果皮は赤色で、果肉は橙色。果実重は五〇〇～九〇〇g。樹勢は強。単胚種子。

②トルベット

フロリダの早生品種（写真23）。モモのような形と色が特徴。比較的冷涼な亜熱帯で栽培可能。食味良好。果皮色は黄橙、一部に橙赤が混じる。また多くの小さなサビ状の斑点がある。果肉は黄色で、繊維はやや多めだが、気にならない。果実重は三六〇～四四〇g。果実が丸い形をしているので見た目よりは重く感じる。樹勢は中。多胚種子。

③リペンス

「アーウィン」の母親で、アーウィンより糖度が高く美味（写真24）。甘い香りはアーウィンに近い。豊産性だが、アーウィンに比べ果実が小さく、赤色も薄い。果皮色は黄桃色に、一部橙赤色を

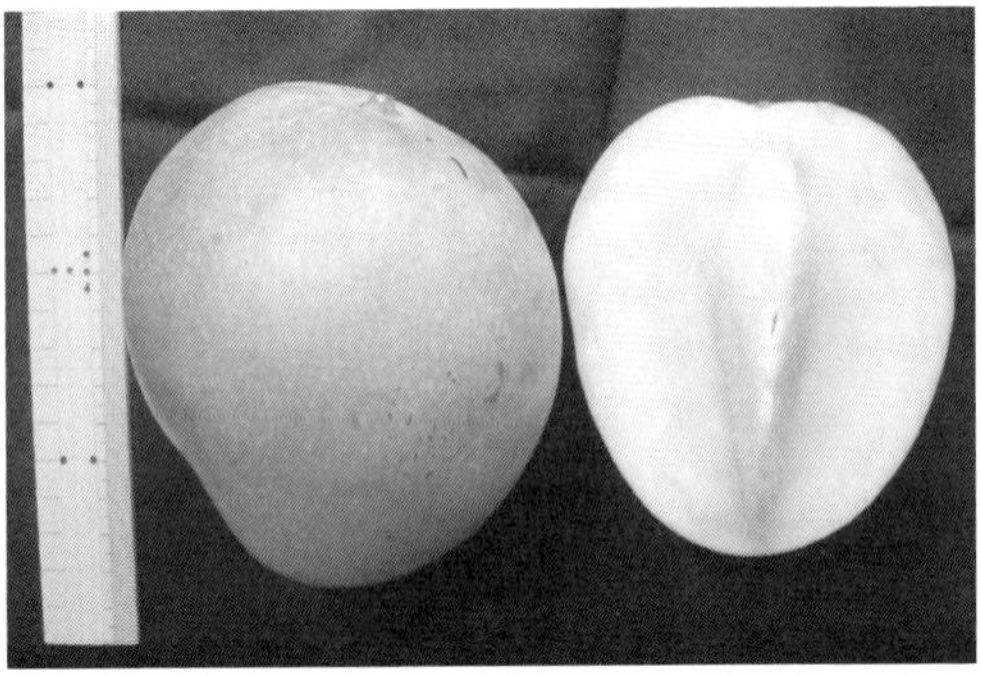

写真22　ハワイの豊産性の早生種ラポザ

写真23　アメリカフロリダの早生種トルベット

写真24　アーウィンより甘く美味なリペンス

呈する。果肉は濃黄色で、繊維は少。樹勢は中。単胚種子。

④ その他の注目品種

著者もまだわが国での結実性などを見ていないので何とも言えないが、上記以外で赤色系の有望品種と思われるものをいくつか紹介すると、一つには、ハワイのモロカイ島で選抜された「アーピン」という品種がある。果実重は四五〇～九〇〇gで、完熟させて食べるとおいしい。

フロリダで「ヘイデン」と「カラバオ」を交配させて選抜した優良品種に「エドワード」がある。ペルーやイスラエルなどの乾燥地帯で生産性が高い。「グレン」もフロリダの優良品種で炭そ病に抵抗性があり、豊産性である。さらにアーウィンの実生選抜種で「アイリス」という品種があり、豊産性で、アーウィンより味が濃い。イスラエルで最近育種された「ナオミ」も多汁で、繊維がない品種である。

(3) 台木には多胚性の品種が最適

●以下は、台木用品種としてよいものである。

① 柴マンゴー

台湾の在来種に柴マンゴー、肉マンゴー、香マンゴー、木マンゴーの四種がある（写真25）。このうち、主に台木として用いられるのは、樹勢が強く、種子の大きい柴マンゴーである。食べてもおいしいが果肉に繊維が多い。種子は多胚である。

台湾ではジュース用に用いられるため、その搾りカスから種子を取り出して洗浄し、陰干ししたものが日本に輸出されている。中には、発芽率が悪いものがあるが、これは搾汁後にカスを長期間積み上げた発酵状態の中に置かれていたためかもしれない。

写真25　台湾在来系品種の結実状態

② ケーオ、ガロン

タイでは台木に強樹勢のケーオとガロンが用いられている。どちらも緑色のマンゴーで、未熟果実を料理に使っている。「ガロン」とは、タイではしぶとく生き抜いていく人間のこと。これら台木の樹勢の強さがうかがわれる。多胚種子。

③ ピコ

ピコはフィリピンの代表的品種「カラバオ」に次ぐ品種である。果頂部が細くくびれているのが特徴である。果実は小さいが種子は大きく、樹勢は強い。多胚種子。

カラバオも多胚種子で台木に利用できるが、沖縄の苗木生産者の話では樹勢が強すぎるという。ちなみに、沖縄で最大の苗木生産者であるサンヒルズ沖縄で台木として利用しているのは、ルソン島南部の野生種パフータン（現地ではサパテーダとも呼ばれる）で、これで年間約一万五〇〇〇本もの良質なアーウィン苗木を生産している。

④ **ターペンタイン**

カリブ海地域あるいは南アメリカから導入した種子から発生したもので、フロリダのココナッツグローブで初結実した。樹勢が強く、開張性である。果実は小さく房状に結実する。食味はよいが繊維が多く、多胚種子。アルカリ土壌でもよく生育することから、フロリダで台木として多く用いられている。

写真26　キーツでわい化効果が認められているコム中間台木（左：キーツ，中：コム中間台のキーツ，右：コム）

⑤ **わい性台木コム**

タイのわい性品種で多胚種子。わい化栽培用台木として利用できる可能性がある。果実は黄色で果肉はマンゴー臭が強い。著者はコムを中間台木として用いることで「キーツ」や「アーウィン」のわい化効果を確認している（写真26）。

このほかインドの多胚のわい性台木品種としてケラドワーフ、ジャナーダンパサンド、マンジーラ、アムラパリ、クリーピング、ナイルズワードワーフ、オロール、ベライコランバン、イスラエルのわい性台木としてサブレがある。なお、同じわい性であるインドの「ニーラム」は単胚種子である。

(4) 品種選びのポイント

さて、さまざまあるマンゴーの品種だが、何をポイントに選んだらよいかを以下に記しておく。国産で主につくられる「アーウィン」を基準に、考えてみよう。

① 完熟して落果する品種、しない品種

マンゴーには成熟期になると果実が落果する品種と、しない品種がある。アーウィンは熟期になると落果し、それから二～三日室温で追熟させるともっともおいしく食べることができる。そこで、生産者は果実に袋や網をかぶせて固定し、落果しても果実に傷がつかないようにしている。

しかし、ほとんどのマンゴー品種は着色して落果する前に果実内部は成熟している。落果する前に収穫して室温で追熟させて軟らかくなったときに食べるのがほとんどである。また品種により着色するかなり以前から収穫可能なものから、着色後かなりの日数を経てからでないと味が悪いものまでさまざまである。たとえば晩生の「キーツ」は太陽光線が当たる果面に少し赤みがさす程度で、熟期になっても果皮は緑色のままのため、収穫適期の判断には経験を必要とする。

収穫が遅くなると果実中で種子が発芽して果肉に苦みやえぐみを生じることがある。反対に早く収穫しすぎると追熟中に果実がしおれ、低糖度で酸っぱくなってしまう。スーパーに並んでいる緑

マンゴー（キーツ）がときとして酸っぱいのは、早取りされたものだからであろう。アーウィンのように成熟期に落果する品種のほうが、生産者には収穫適期の判断にとまどうことがなくて便利である。袋かけの手間はかかるが、逆に袋かけする時点で予想収穫個数が把握でき、販売計画が立てやすい利点もある。また収穫は、袋の中に落果している果実を集めてくるだけだから、素人にもできる。

アーウィンのように自然落果する品種には、ラポザ、トルベットなどがある。

②匂いと香り、果肉中の繊維も考慮

マンゴーには独特のマンゴー臭（テルペン臭）があることはすでにふれた。初心者はこのマンゴー臭が苦手な人が多いから、最初は匂いの少ない品種から食べてもらうのがよい。しかし慣れてしまうと、この匂いがないと物足りなくなることもある。

またマンゴー臭以外に甘い香り（風味）もあり、これが強い品種、弱い品種とさまざまある。アーウィンは甘い香りが強い品種で、この香りが日本人に好まれている理由である。しかし、今後は個性的な風味を求める消費者が現われてくる可能性が高い。そんな風味をもったマンゴーを提供して新たな消費を開拓していくことが、これからは必要になる。

果肉中の繊維量も品種により異なる。この繊維量が食感に大きく関わる。「ラポザ」のような繊維のない品種の食感はとろけるようですばらしい。しかし、輸送性は劣る。反対に「ヘイデン」には

やや繊維があり、食べるときに少し気になる。食感および輸送性を考慮した場合は、やはりアーウィン程度の繊維量が適している。

適度な繊維量をもつ品種には、ナムドクマイ、アルフォンソ、トミーアトキンスなどがある。

③ 低温でも結実しやすい品種

生産者にとっては結実性、すなわち収量がもっとも重要である。どんなにおいしい品種でも結実しなければどうしようもない。たとえば、気温的に沖縄と似た栽培環境にあるフロリダでは、高温条件下に適するインド系マンゴーの結実性が低い。また、非常に美味な品種「エドワード」は、フロリダで選抜されたにもかかわらず、湿度の高いフロリダでは結実しにくく乾燥した南米でよく成るという。気温だけでなく、湿度も結実性に影響を及ぼしている。

沖縄でもかつて、無加温屋根かけ栽培でアーウィンなど数品種が試され、アーウィンの結実性がもっとも高かったことから、この品種が栽培されてきた。しかし宮崎県のように加温ハウスで栽培するなら比較的高温適応性の品種でも高い結実率が得られるかもしれない。ただ、暖房経費を抑えるためには、できるだけ低温でも結実する品種が望まれる。スペイン領カナリア諸島（アフリカ大陸の北西沿岸に近い大西洋上にある）はマンゴーの栽培では低温な地域であるが、「アーウィン」と「トルベット」は比較的よく結実している。だから日本での栽培にも向くのではないかと、スペインの研究者にいわれたことがある。

④消費者の好みは果皮の赤い品種

マンゴーは品種によって多様な果皮色があるが、赤系統が消費者には好まれる。しかし、同じ品種でも結実する位置によって赤色の着色程度が異なる。

アーウィンは幼果期に十分な太陽光線を受けていないとアントシアニン色素が形成されないので、開花前から花房を樹冠から上に引き上げて誘引している。さらに結実した幼い果実を摘果して、残した果実を樹冠外に吊り下げる「玉吊り」作業を行ない、果皮の赤色を増加させるよう努めている。それでも果頂部は果実の下側になり、光線を受けにくくクロロフィルの緑色が残りやすい。そこで農家はモモやリンゴ、カキなどで使われる反射マルチを樹冠下に敷いて、果頂部の着色を促進している。

タイの「ナムドクマイ」は黄色系のマンゴーであるが、この品種もクロロフィルの緑色が完全に抜けないと商品価値が下がる。そこで、内側が黒色の紙袋を果実にかけて栽培することで、収穫後の追熟過程で緑色が均一に抜けるようにしている。これは前述した日本の商社がタイに導入して、現地の農家に喜ばれている技術指導の一例でもある。

⑤果重四〇〇～五〇〇gの品種

小売り店が望むマンゴーの大きさはだいたい四〇〇～五〇〇gの果実である。超高値で販売する場合にはやはり五〇〇g以上のボリュームが要求される。アーウィンは一果重が三四〇～四五〇gの品

写真27　外観がアーウィンに似たパルマー

種なので、少し着果量が多くなると四〇〇gを超えるボリュームは出ない。平均してそれだけの果実をとろうとしたら、摘果と適正な施肥および灌水管理が必要になる。

果実の外観がアーウィンによく似た品種に「パルマー」（写真27）がある。この品種の果実重は五一〇～八五〇gなので、こういうやや大果系の品種を栽培したほうが小売り店の望む五〇〇g前後の果実生産には有利である。また「キーツ」のような大果系品種も、種子なし果実にしてしまえば五〇〇g程度の果実生産が可能だが、すべての果実を種子なしにする技術はまだ確立されていない。

⑥収穫期を広げられる早・晩生品種

アーウィンは早生品種だが、著者はこのアーウィンを基準に収穫期が約半月遅い品種を中生、一ヵ月以上遅い品種を晩生と位置づけている。この分類でいうと、中生には「センセーション」（写真28）、「ケント」、晩生には「キーツ」「ニーラム」がある。加温ハウスで早期出荷を狙う栽培には早生が有利で、暖房経費も少なくて済む。現在はアーウィンが加温促成栽培されて四月から、七月には沖縄の屋根かけ栽培の果実が、八月から九月にかけては和歌山県の近畿大学湯浅農場が行なっている抑制栽培果実が市場出荷されている。しかしこれ以外の時期は輸入マンゴーしかなく、国産の完熟高品質マンゴーが望まれている。とくに、年末のクリスマスやお歳暮用のギフトとして使える国産完熟マンゴーが栽培できれば高価格販売が期待できる。

フィリピンでは多数の島々の多様な気候を活用した「カラバオ」の、タイでは植物生長調節剤などを活用した「ナムドクマイ」などの周年生産が可能となっており、一年中わが国に輸入されている。日本でも晩生品種を用いた後期出荷や、不時着花性品種とか植物生長調節剤を用いたオフシーズン出荷技術などを開発して、周年出荷することができるようになればよいと考える。

晩生品種として有望と考えるのは、キーツ、ニーラムなどである。

写真28　アーウィンより収穫期が半月遅いセンセーション

⑦ 炭そ病に強い品種

マンゴー栽培の一番のネックは、炭そ病による花、枝葉、果実の被害である。花房が感染すれば結実は望めないし、小さな幼果へ感染すると落果してしまう。やや大きな幼果に感染した場合は、果実肥大が旺盛なために病原菌は果皮の内側にとどまり増殖できないが、果実が成熟して収穫した後に急速に増殖を再開して果皮に黒い斑点をつくる。そうして著しく商品価値を低下させる。この炭そ病に強い品種が望まれることはいうまでもない。

「アーウィン」は炭そ病に弱く、病原菌の増殖に好適な雨を防ぐ施設がないと栽培は難しい。「トミーアトキンス」は炭そ病に抵抗性があるといわれる。そのために世界中でもっとも多く生産されている。今後はアーウィンの果実形質を引き継ぎながら、炭そ病に抵抗性のある品種の開発が望まれている。

第4章

導入までの準備、園地づくり

1　施設の準備

(1) 簡易でも必要なハウス

マンゴーの生育適温は二二〜三〇℃である。成木は短時間の低温（マイナス三℃）には耐える。しかし、著者は和歌山県でマンゴーのハウス栽培をしているときに暖房機の故障でマイナス三℃以下に遭遇させて、枝葉を枯らしてしまったことがある。本州では冬季に最低気温五℃をクリアできる条件が必要である。また、炭そ病を防ぐためにも雨をよける施設が必要になる。しかしこれを満たせば本州でマンゴーの果実生産は十分に可能である。簡易でもこの条件を満たせる施設がほしい。現在、わが国ではつぎに述べるタイプの施設栽培が行なわれている。

(2) おもな作型と施設

① 簡易パイプハウスで完熟生産

野菜などで一般的に用いられている間口六m、軒高二m、棟高三m程度のパイプハウスを単棟、または連棟で、マンゴーを完熟生産（六〜八月に出荷）するのがもっとも一般的である。もっとも

表7　6～8月出荷の基本的な作型の栽培管理暦（沖縄県）

	8月	9月	10月	11月	12月	1月	2月	3月	4月	5月	6月	7月
生育ステージ	………栄養生長期………											………
									…生理落果期‥			
				………花芽分化期……								
						……出蕾期……						
	成熟期…											…成熟期
							……開花結実期……					
栽培管理	せん定…											…せん定
	‥摘芽…		誘引・整枝・不要枝間引き			混合芽の剪葉						…摘芽
									…せん定…			
						施肥			堆肥・敷きワラ			施肥
	ビニル除去				ビニル被覆		……温度管理……					
								……花穂・果実のつり上げ…				
											袋かけ	
病害虫防除	キジラミ ホコリダニ スリップス かいよう病 炭そ病		キジラミ ホコリダニ スリップス かいよう病 炭そ病		カイガラムシ キジラミ ハダニ スリップス		………	ホコリダニ ハダニ 灰色かび病……… 炭そ病 菌核病 うどんこ病			カイガラムシ ハダニ スリップス	

沖縄県農林水産部，平成15年6月『果樹栽培要領』より。

表8　樹齢別経営収支（10a当たり，沖縄県果樹試験場）

樹齢（結果年数）		3年生（初結果）	4年生（2年目）	5年生（3年目）	6年生（4年目）	7年生（5年目）	8年生（6年目）
生産量	(kg)	877	1,239	1,627	2,539	2,734	2,955
販売量	(kg)	833	1,177	1,546	2,412	2,597	2,807
単価	(円)	2,865	2,865	2,865	2,865	2,865	2,865
粗収益	(円)	2,386,545	3,372,105	4,429,290	6,910,380	7,440,405	8,042,771
農業経営費	(円)	3,176,157	3,437,444	3,712,301	4,236,664	4,348,682	4,475,988
農業所得	(円)	-789,612	-65,339	716,989	2,673,716	3,091,723	3,566,783
所得率	(%)	-33	-2	16	39	42	44

注）2年生苗を10a当たり112樹植栽，単価および農業経営費は平成15年4～5月出荷作型の実績から試算。

栽培タイプは無加温夜根かけによる完熟出荷。

安上がりな施設栽培であると同時に、最低限必要な栽培法でもある（表7、8）。

　このハウスにはヤガなどの防虫対策、および台風などの防風対策に常時ネットで覆いをしておく。本州では四㎜目の防風ネットを用いるが、ハウスの骨組みが弱いと、強風で倒壊する危険があるので、周囲に防風垣をめぐらしておくとよい。

　沖縄では無加温、本州では冬季から果実生育期にビニルを全面被覆し、加温機で最低気温五℃以上に保つ。加温機の能力はハウスの大きさにもよるが、五℃程度を維持するにはそれほど強力なものでなくてよい。日中はサイドを開け閉めして、ハウス内が高温障害の出る三五℃以上にならないようにする。換気扇による自動換気は便利だが、停電などで稼働しないと高温で樹が焼けてしまう危険がある。

　沖縄では同様のハウスで屋根かけ栽培している。ネットを常時完全被覆しているが、虫害やコウモリの害が多く、また台風も多いので一㎜目以下の防虫ネットでないと効果がない。

　花芽分化が終了する十二月末か一月にビニルで屋根かけをする。サイドは張らないので換気は必要ないが、日中寒い日はハウス内の気温が外気温と同じように低下する。

　収穫前は果実の日焼け防止に四㎜目程度のネットを天井部に張る。果実収穫後は天井のビニルをはがして防風ネットだけの栽培に戻す。

■コラム　完熟マンゴーを収穫後三日以内に宅配　沖縄石垣市・金城哲浩さん

金城哲浩さんはパイプハウスを自分で建て、一九八七年からマンゴー（アーウィン）を栽培している。ハウスは間口六m弱、軒高二・二m、棟高三・五mの二連棟と三連棟である。台風常襲地帯なので四七㎜の太いパイプや角柱を配置して強度を増している。これを金城さんは約三〇日間で一人でつくり上げた（写真29）。経費は、一〇a当たりの鉄骨パイプ資材費が約二二〇万円だった。

写真29　石垣島の丸屋根型自作マンゴーハウス

これにハウス全面に周年張る白色の防虫・防風ネット（一㎜目）が一㎡当たり一一〇円、冬季から果実収穫期までの屋根かけ用ビニルが一㎡当たり四四円である。

金城さんの植栽法は、樹間三mで五年目に間伐するもので、これで定植翌年から一樹当たり五kg、一五kg、三〇kgと収穫をあげ、七年目からは九〇kg（一〇aで約二・五t）収穫している。施肥は、沖縄県の標準施肥体系に従っており、土壌がアルカリ性にならないように硫酸を含む化成肥料を使用している。

収穫は六月から八月にかけてだが、果実の果肩が広がって収穫期が近づいてきた五月中旬から午後だけ遮光して、日焼けや早期落果を防止している。このため

写真30　ポトリ果マンゴーを出荷する金城哲浩さん

マンゴー50ａのほか，アセロラ30ａ，アテモヤ5ａ，その他果樹10ａを栽培する金城さん。

のシルバーの遮光ネット（四〇％遮光率）をハウスの軒高に張って水平に開閉できるようにしている。袋の中に熟して落ちた果実を袋ごと集める方法で収穫し、朝とったものは夕方に、夕方にとったものは翌朝に空港に運び、収穫して三日以内にはお客さんに届くように宅配している（一六五ページ参照）。ちなみに金城さんの今年（二〇〇七年度）の販売価格は五五〇〇円／二kgであり、これは沖縄の一般の価格より安めである。あまり高くしてしまうと、安い台湾からの輸入マンゴーにお客さんをとられてしまうからとの理由からである。

収穫後、金城さんは十月から枝の水平方向への誘引を始める。しかし樹冠が二五㎡以上になる六年生以上の成木では夫婦二人で一樹に一時間以上かかる。目下これが悩みの種であるという。

表9　作型別生育段階と温度管理

	10月	11月	12月	1月	2月	3月	4月	5月	6月	7月	8月
4～5月穫り作型		花芽分化	出蕾		開花	果実肥大	収穫		せん定		
		←20/10℃→			←25/20℃→			←30/24℃→			
6月穫り作型		花芽分化抑制		花芽分化	出蕾	開花	果実肥大		収穫	せん定	
	←30/20℃→		←20/10℃→		←25/20℃→			←30/24℃→			
7～8月穫り作型		花芽分化抑制			花芽分化	出蕾	開花		果実肥大	収穫	せん定
			←30/20℃→		←20/10℃→		←25/20℃→			←30/24℃→	

注）管理温度は「最高／最低温度」で示す。

②　APハウスと加温機、自動換気装置で促成、抑制栽培

宮崎県などでは太い骨組みで高強度の、棟高も高いAPハウスを用いた促成栽培が行なわれている。十月に花芽分化させ、十一月から加温し、十二月から一月にかけて開花させて四～五月に収穫する作型である（表9）。

この栽培では、開花期から果実肥大期にかけて最低夜温を二三～二五℃に維持する。果皮からヤニの出るヤニ果の発生をなくすには最低気温を二五℃で管理するのが効果的で、気温が高いほど果実肥大が促進され、果皮色もよい。ただしこの作型は糖度が低くなる欠点がある。また暖房経費もかかる。

鹿児島県果樹試験場で一〇年生樹を用いた一〇a当たりの経営試算を表10に示した。

同じ大型加温機と換気扇を備えたハウスで、冬季はハウス内を夜間一〇℃、昼間もできるだけ二〇℃以下になるよう換気して花芽の発芽を遅らせ、開花を四～五月までずら

表10　作型別経営収支（2003年）

区　分		4～5月出荷作型	6月出荷作型	7～8月出荷作型
生産量	(kg)	2,520	2,870	3,202
販売量	(kg)	2,394	2,727	3,042
kg当単価	(円)	2,865	1,721	2,129
粗収益	(円)	6,858,810	4,693,167	6,476,418
農業経営費	(円)	4,261,335	4,096,611	4,270,157
農業所得	(円)	2,597,475	596,556	2,206,261
増減	(円)	2,000,919	—	1,609,705

注）1. 10年生樹を用いて10a当たりで算出。
2. 増減は6月出荷作型を対照区として算出。
3. 販売量は生産量の95％として試算。
4. 単価は各出荷時期別の平均。

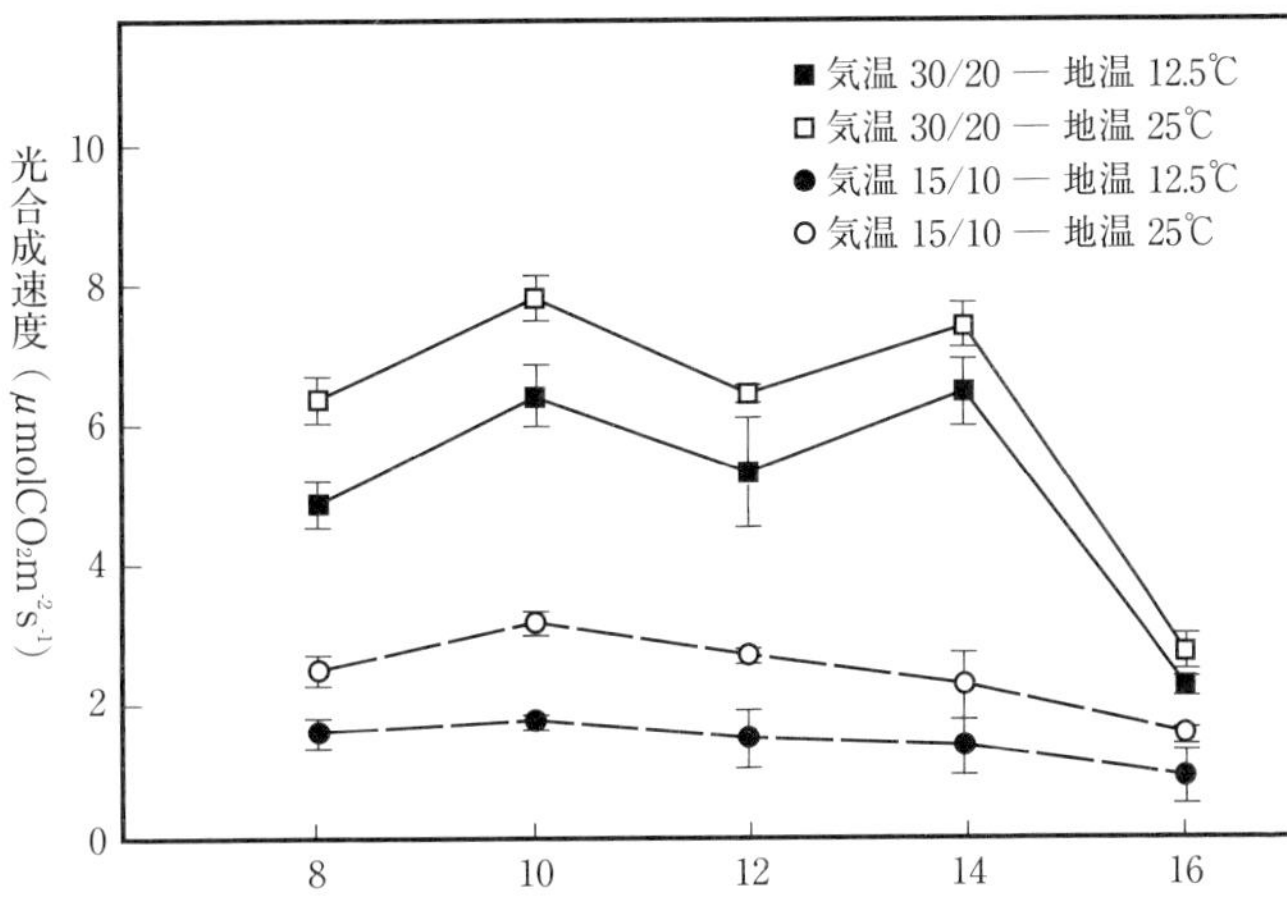

図20　マンゴーは高地温ほど光合成速度も早まる

The Mango: Botany, Production and Uses (Edited by R. E. Litz, Tropical Research and Education Center, University of Florida, USA) より作成。

して収穫を九月にする抑制作型もある。早期に発芽してきた花序は一五cm程度で摘みとり、花序の基部からふたたび花序を発生させるなどして、開花を遅らせる。

この栽培では収穫終了が十月になり樹勢回復が難しいのと、冬季に十分に花芽分化し、頂芽だけでなく腋芽にも着花するので、十月以後は夜温を二〇℃以上に上げ、昼間もハウスを閉めて気温を高めに維持して新梢の発生や伸長を促す（図20）。また徹底した肥培管理を行なう。

ハウスの暖房燃料費は五kl程度（約三〇万円）と少なくてすむ。お盆の贈答用出荷時期には間に合わないが、宮崎県や沖縄県のマンゴーが終了した後の品薄時期に出荷できるので高値販売されている。

(3) 既存施設を有効利用する

野菜や花のパイプハウス、カンキツなど温帯果樹のハウス栽培用の施設を使って、マンゴー栽培に転換するのはそれほど困難ではない。大苗を定植すれば三年目から収穫を始められる。

実際、宮崎県で最初にマンゴー栽培に取り組んだのは西都市の果菜農家であり、和歌山県でもハウスミカンやチェリモヤのハウス栽培からマンゴー栽培に切り替えた農家がある。またサラリーマンを退職して農業を始めたような人で、小規模ながらパイプハウスと小型の加温機を購入してマンゴー栽培に挑戦している例もある。

2 適地の選択と圃場整備

(1) 冬季に日照時間が長い

マンゴーは熱帯の強光下で生育する樹木であり、光が好きである。大きな果実をつくるだけなら水を十分に与えるだけでもよいが、糖度の高い果実をつくるには光合成を行なう光が必要である。とくにアーウィンなどの赤色系マンゴーは、幼果への太陽光が着色に欠かせない。

花芽分化にも秋季から冬季にかけての日照が必要で、さらに花芽分化する以前にも十分な日照があることで、結果母枝が十分に貯蔵養分を蓄えて、充実した花序をつけることができる。十分な養分を蓄えた枝の花序は大きく、花数も多く、充実した両性花が多くなるので、結実率も高くなる。

なお、宮崎県や和歌山県などでは秋から冬にかけての日照時間が長く、マンゴーに花がつくかどうかの心配は無用である。ここでは、秋口に花芽分化に必要な一五℃以下の低温に遭遇することが大事だ。

(2) 水が十分に確保できるように

施設栽培の生命線は水である。雨水を遮断しているので、ハウスでは毎週適量の灌水を行なわなければならない。

灌水量は土質により異なるが、大まかに一日の消費水量が五㎜とすると、六日で三〇㎜。六日ごとに一〇a当たり三〇tの灌水用の水が必要である。したがって施設は地下水や谷水、河川水など水の供給が得られやすい場所に建設したい。屋根部に降った雨をタンクに貯水するなど工夫も必要である。

写真31　ハウスの台風被害

(3) 強風が当たらない

施設栽培でもっともこわいのが台風の強風による施設の倒壊である。ビニルが破損する程度であれば張り替えればすむが、骨組みがゆがんでしまうと（写真31）、建て直さねばならない。その費用は莫大である。まずは台風の風の通り道に当たるような場所は避ける。またふだん強風が吹きやすい場所もよくない。ハウスを常時防風ネットで覆うのも、強風を防いで果実の風ずれ被害を防止する目的があるからである。

また、マンゴーは他の果樹と異なり、緑枝の基部が非常に軟らかく、少しの風でゆすられても枝に傷がつく。この傷に夜露や雨などの水滴がつくと、炭そ病やバクテリア病が容易に侵入する。緑枝が強風でゆすられるのは極力防止しなければならない。

(4) 耕土が深すぎない土壌

九州の火山灰土壌で問題になるのは、地中深くに直根が進入して樹勢のコントロールが効かなくなることである。栄養生長ばかりして花が着かない悪循環に陥るのである。和歌山県湯浅町にある近畿大学湯浅農場では岩盤の上に五〇㎝程度の深さに客土して栽培している。灌水は欠かせないが、根が浅くなるぶん樹勢コントロールが容易で花芽がつきやすい。

写真32　根域が広がらないように根付け場所には防根マルチを敷く

そこで、火山灰土壌では防根シートの上に客土して栽培するとよい（写真32）。客土する土は水はけ・水もちのよいものがよい。また水はけ・水もちの向上には、有機質など土壌改良資材の利用が有効である。

(5) 好適pHは六・六の弱酸性土壌

マンゴーは酸性土壌（pH四・五〜七・〇）でもアルカリ土壌（pH七・〇〜八・五）でも栽培されているが、好適pHは六・五〜七・〇の弱酸性である。強酸性土壌では果実の着色が悪く、pH七・五以上のアルカリ性では生育が劣る。

写真33　液肥灌注器

奄美大島から沖縄県の隆起珊瑚礁の土壌では、石灰（Ca）過剰から微量要素の鉄や亜鉛などの吸収が抑制されて生育障害をおこす園地が多く見られる。反対に酸性土壌でCaが不足する場合は果肉崩壊症果実の発生が多くなる。

著者は、沖縄県石垣市のハウスでマンゴーなど多くの熱帯・亜熱帯果樹のポット栽培を行なっているが、その灌水に用いる水はpHが八・〇近くあり、生育がよくなかった。同僚の緒方主任研究員が、薬剤散布に用いる五〇〇lのポリエチレンタンクに硫酸水（濃硫酸を二〇〇倍に薄めたもの）を用意し、これを液肥注入器で灌水用ラインに少量ずつ注入する（さらに二〇〇倍に薄まる）ことを発案した（写真33）。この方法を行なうようになってからはすべての樹種の生育がよくなってきた。

土壌pHを下げるためにイオウを混和する方法がカリフォルニアでは取られているが、自動灌水装置があれば、硫酸水の混入でかなり改善できると思う。

もちろん、微量要素欠乏の改善には、灌水用の水のpHコントロールだけでなく、キレート鉄などの緩効性肥料の土壌施用も必要である。

(6) 重粘土、砂壌土地は土壌改良

粘土質で、排水性の悪い土壌は根腐れをおこしやすいので、明渠、暗渠を掘ったり高うねにしたりするなど工夫する。とくに、植付け前に通気性を高める改良資材（パーライト、ピートモス、バーク堆肥、川砂など）を土壌とよく混和しておく。植え付けたあとでは、小型ユンボなどがないと通気性の改良は困難になる。

一方、砂地など痩せ地の場合は、定植前に有機質や赤土を混和して地力を高めてやる。また、砂地の栽培では灌水用水中にミネラルが豊富に含まれていないと肥料欠乏をおこしやすい。微量要素などを含む液肥を、灌水装置を用いて定期的にやることも可能だが、経費と手間がかかる。作付け前に肥沃土壌を客土し有機質資材を混和して一定の地力アップが必要である。

また、果樹園など既耕地から転換する場合、前作の根などはすべて掘り上げて焼却する。マンゴーは地下部の病害はそれほど問題にされていないが、地中に大きな生の根があるとモンパ病菌が増殖して、定植したマンゴーの根も枯らしてしまいかねない。

第5章　マンゴー栽培の実際

1　苗木の準備

(1) 幹太で、枝葉や根量も多い苗木を選ぶ

マンゴーの苗木の値段は幹の太さで決まる。幹が太い苗木ほど高値である。三年生の大苗の場合、一本七〇〇〇円もする。接ぎ木して一～二回新梢が伸びた程度の小さな苗でも三〇〇〇円程度する。これは、台木用の種子を台湾から輸入して台木を養成するのに経費がかかるうえに、苗木業者が沖縄に多く、接ぎ木した苗を本土まで送るのに輸送費がかかるからである。

写真34　マンゴー苗の輸送用荷姿

写真34にマンゴー苗の輸送用荷姿、表11にマンゴー苗木の入手先を示した。

よい苗とは、幹が太く、葉がたくさん着いていて根量も多い苗である。葉柄に黒い病斑のある葉は植える前に取り除いて焼却するのが望ましい。

表11　マンゴー優良苗木の入手先

JAグループ(株) サザンプラント	901－0401	沖縄県島尻郡八重瀬町字東風平1003-1	098－998－7472
与座光盛	901－1117	沖縄県島尻郡南風原町津嘉山531	098－889－3664
翁長　進	901－2205	沖縄県うるま市栄野比1011	098－972－6604
フルーツファーム・ サンヒルズ沖縄 (赤嶺光雄)	905－1425	沖縄県国頭郡国頭村字佐手788－21	0980－41－5959
トロピカルファーム 山川（鍵山巳徳）	891－0511	鹿児島県指宿市山川町福本3363－3	090－2581－0488

注）沖縄の苗木業者が販売しているのはほとんどが「アーウィン」。注文すれば「キーツ」「玉文」などの品種を特別に接ぎ木して販売してくれるところもある。現在のところ，沖縄のマンゴー苗木は販売先が決まっており，注文してもすぐには入手できない。1年待たなければならない場合が多い。

なお、マンゴーは五年生以上の成木でも、カットバックして根を切り縮めて移植することができる。仮に定植して五～六年目で間伐が必要というようなときは、もったいないので掘り上げて移植するとよい。この場合、枝葉と根のほとんどを切り縮めて、地温が二〇℃以上のときを選び、日焼け防止に努める。

(2) 幼苗からの大苗養成

接ぎ木後に新梢が発生して充実したばかりの幼苗を安く購入して、自分で大きめの鉢に移植し、大苗に育てる方法もある。この場合は加温施設のあるハウスが必要になる。冬季に加温するミカンハウスなどがあれば、その空いたスペースが利用できる。

マンゴー苗木の育成で大切なのは、順調な樹冠拡大を図ることである。生育へのダメージでもっとも大きいのは害虫による新梢の食害である。イラガ、キドクガなどの幼虫が新梢をかじったり、マンゴータマバエやフサヤガの幼虫が新梢内部に入り込んで食害して枯れることがある。また、アザミウマが新葉につくと落葉してしまうので、これらの防除は徹底的に行なう。

また、炭そ病などの病気に感染していない苗木を育成するには、雨のかからないビニルハウス内で育苗する必要がある。

(3) 苗木は自家養成も可能

一般では少し困難だが、台木の種子を入手すれば実生から苗木を自家養成することも可能である。台木の種子は、一一一ページ表11の沖縄の業者が海外から購入しているが、種子の販売には消極的である。

① 台木種子

台湾在来種子の柴マンゴー（多胚）の種子を入手する。わが国でこれまでに栽培されてきたのは、この台木に接ぎ木されたアーウィンである。沖縄では、フィリピンから導入された多胚種子（パフータンまたはサパテーダとも呼ばれる）でも苗木生産が行なわれ、柴マンゴー台木となんら変わらない生育および果実品質なので、これらを用いてもよいと思われる。

ただし、石灰の多いアルカリ土壌で栽培すると生育障害が現われることから、そうしたところで栽培する場合は「ターペンタイン」（多胚）の種子を台木として用いるとよい。これはアメリカのフロリダで用いられている。

② 内果皮をむいて播種

台湾のマンゴーの収穫期は六月から七月で、種子もこの時期に入手できる。種子はカラス貝のように扁平で、勾玉形をした内果皮（繊維質で堅い）の内側にある。発芽力は二〇〜三〇日でなくなるので、一日でも早い播種が望ましい（注）。

（注）殺菌した状態でイオン交換水を含む綿と一緒に一五℃で保存すれば、種子の発芽力は八四日間保つことができる。

種子は内果皮に覆われているが、輸送中に乾燥すると発芽力が低下するので、ポリ袋に入れる。種子が着いたら、繊維で覆われた堅い殻（内果皮）を割って内部の種子を取り出す。このとき内果皮のどの部分に種子があるか膨らみ具合から推察し、傷がつかないように内果皮を切り裂いて取り出す。取り出したらベノミル（二〇〇〇倍程度）などの殺菌剤に一分程度漬けてただちに播種する。内果皮ごと播種しても発芽するが、芽が外に出られなくて一回転してしまうことが多い。

播種用土は、砂や鹿沼土など肥料分の含まれないものがよい。トロ箱に播種用土を入れ、平らな種子を横向きに寝かせ、その上から種子が見えなくなる程度に覆土する。たっぷりと灌水したあとコモなどを敷いて乾燥を防ぐ。発芽適温は二五〜三〇℃で、発芽に要する日数は一〇日程度である。

写真35　マンゴー台木の育成ハウス

多胚種子なので一個の種子から五～六本発芽してくる。

③ 発芽したら株分けしてポットに鉢上げ

発芽してきたら芽や根を傷付けないように注意深く掘り上げ、それぞれの株を分けて一本ずつ牛乳パックか尺鉢に鉢上げする。

深めの尺鉢などに播種した場合は、発芽した芽が緑化した頃に鉢をひっくり返すようにして株を取り出し、一本ずつ適当な大きさの鉢に移植する。鉢上げや移植は日陰で行ない、決して根を乾燥させてはならない。鉢上げ後もしばらくは木陰に置いたほうが活着が早い。

活着したら太陽光線を十分に当て、株元へ緩効性肥料を施用するか、葉面散布で生長を促進させる。三〇℃程度の高温条件下で十分な日光と水と肥料を与えれば、半年もすれば接ぎ木可能な太さに育つ（写真35）。

④親指太さの台木に切り接ぎ

接ぎ木の活着には気温が高いほうがよい。かといって、真夏は高温過ぎて、穂木が腐敗することが多い。本州では、開花終了後の五月に結実しなかった枝の頂芽が膨らんできて発芽する直前に採取して穂木にする。沖縄では三〜四月が気温もそれほど高くなくて接ぎ木しやすい。台木が太いほうが活着後の生育もよい。あわてて鉛筆大の太さの細い台木に接ぎ木して失敗すると、台木まで枯らしてしまうことがある。

接ぎ木は台木となる実生樹を地上三〇〜五〇cmで切り返す。基部の葉は付けたままとし、接ぎ木してテープを巻く上部の葉のみ切り取る（写真36①、②、③）。

台木がまだ鉛筆大の太さの場合は、合わせ接ぎか割り接ぎとする。合わせ接ぎは穂木と台木を斜めに切り、三cm程度の切り口を合わせてゴムかテープで縛る。

台木が親指大以上に太い場合は、切り接ぎがよい。気温の高くない時期は、接ぎ木部から穂木をパラフィンテープで巻いて乾燥を防ぐ。沖縄では夏季にパラフィンテープで巻くと穂木が腐りやすく、封筒をかぶせるだけで乾燥を防いでいる。

⑤芽が膨らんだ充実穂木を利用

台湾の大手の苗木業者は、カンキツでやるように充実した緑枝を採取して二芽ずつ切り、これを切り接ぎや合わせ接ぎに使っている。

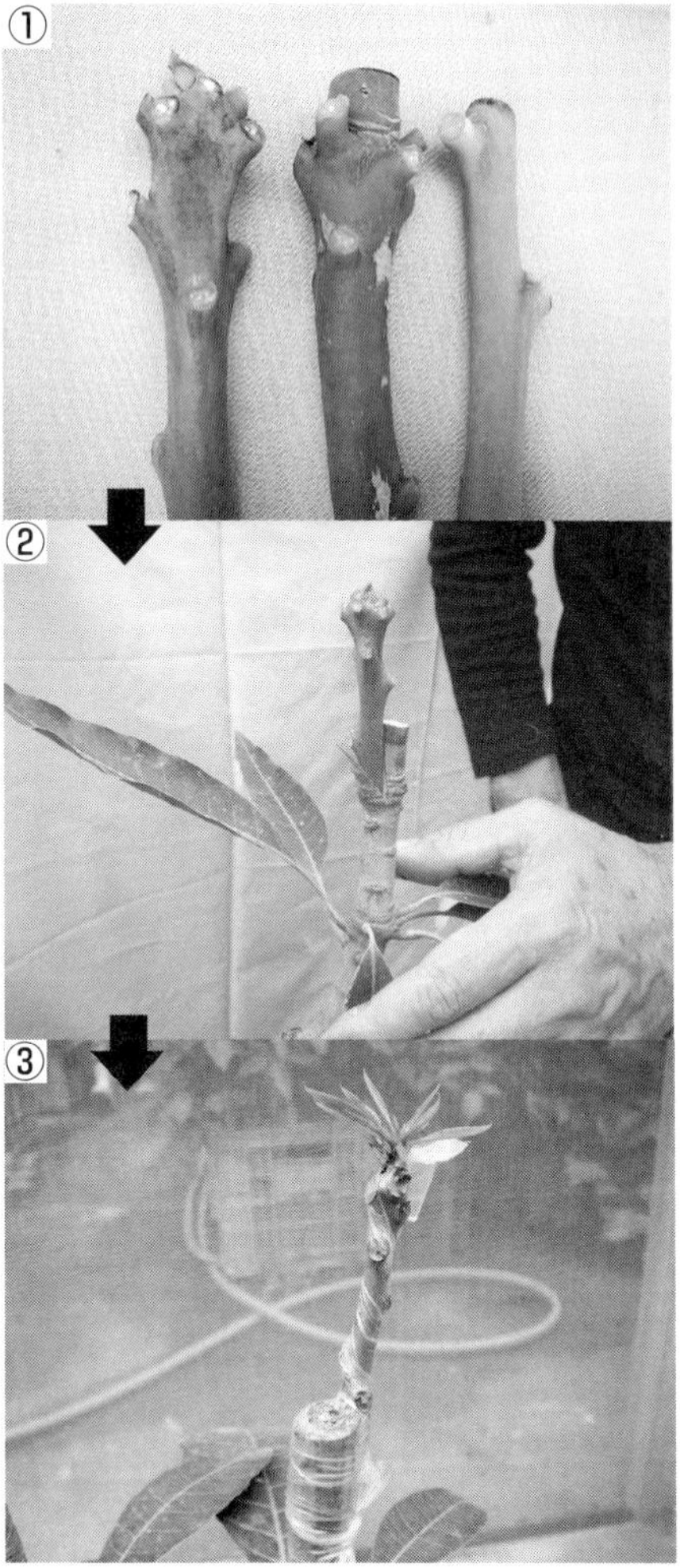

写真36　マンゴーの接ぎ木手順

①穂木（左から頂芽，節部芽，カットバック後１週間の芽）。
②穂木の挿入。
③接ぎ木後１週間の生長。

しかし、手近に穂木を採取できる母樹があったら、前述のように、頂芽が膨らんだ状態になったときに、接ぎ穂にする二節程度を切り取って穂木としたほうが活着率が高い。穂木を切り取った直下の芽は一〇日間ほどすればまた膨らんでくるので、接ぎ木に必要な長さだけ切り取り穂木とする。これをくり返すことで接ぎ木の活着率は高くなる。接ぎ木に適した穂の状態は写真36①に示した。

なお緑枝を用いる場合は、なるべく休眠期間の長い充実した緑枝を穂木として利用する。真夏の硬化したばかりの緑枝は貯蔵養分が少ないので、活着せずに腐ることが多い。

マンゴーでは、生理落果などで結実しなかった枝は開花終了時に、また結実した枝も収穫が終わった時点で切り返しせん定をしている。この開花終了から収穫にかけては気温が高く、接ぎ木の適期でもある。また、マンゴーは取り接ぎの活着率が高い。切り返しせん定で捨てる枝を穂木として有効利用することもできる。

⑥ 接ぎ木翌年に植付けできる

台木用の実生苗は、三〇℃程度の高温で育てれば、播種から一年後には十分に接ぎ木できる太さに育つ。これに接ぎ木して同様に育てれば、翌年には定植できる。台木用種子の播種から二年後には立派な接ぎ木苗が定植できるわけである。

■コラム　さまざまあるマンゴーの接ぎ木法

マンゴーにはさまざまな接ぎ木法がある（図21）。

穂木を切りとって台木に接ぎ木する方法では、細い台木への割り接ぎ、合わせ接ぎ、やや太めの台木への切り接ぎ、腹接ぎ、芽接ぎがあり、手首以上に太くなった台木には、はめ接ぎがある。芽接ぎには盾芽接ぎとパッチ芽接ぎがあり、熱帯ではパッチ芽接ぎがよく使われている。

インドでは昔から寄せ接ぎ（呼び接ぎ）法が用いられた。寄せ接ぎは穂木を切り取るのではなく、台木を接ぎ木したい品種の樹のそばにもっていき、その樹の枝を台木に沿わせるようにくっつけるやり方である。接合面の切り方や合わせ方で、Approach（寄せ接ぎ）、Tongue（舌接ぎ）、Saddle（鞍接ぎ）、Root grafting（根接ぎ）などと呼ばれる。熱帯では年中接ぎ木可能だが、亜熱帯では春先に行なうのがよく、冬季の活着率は低い。ただしこの方法は活着率が高くないことから、近年では別の方法が取られるようになっている。

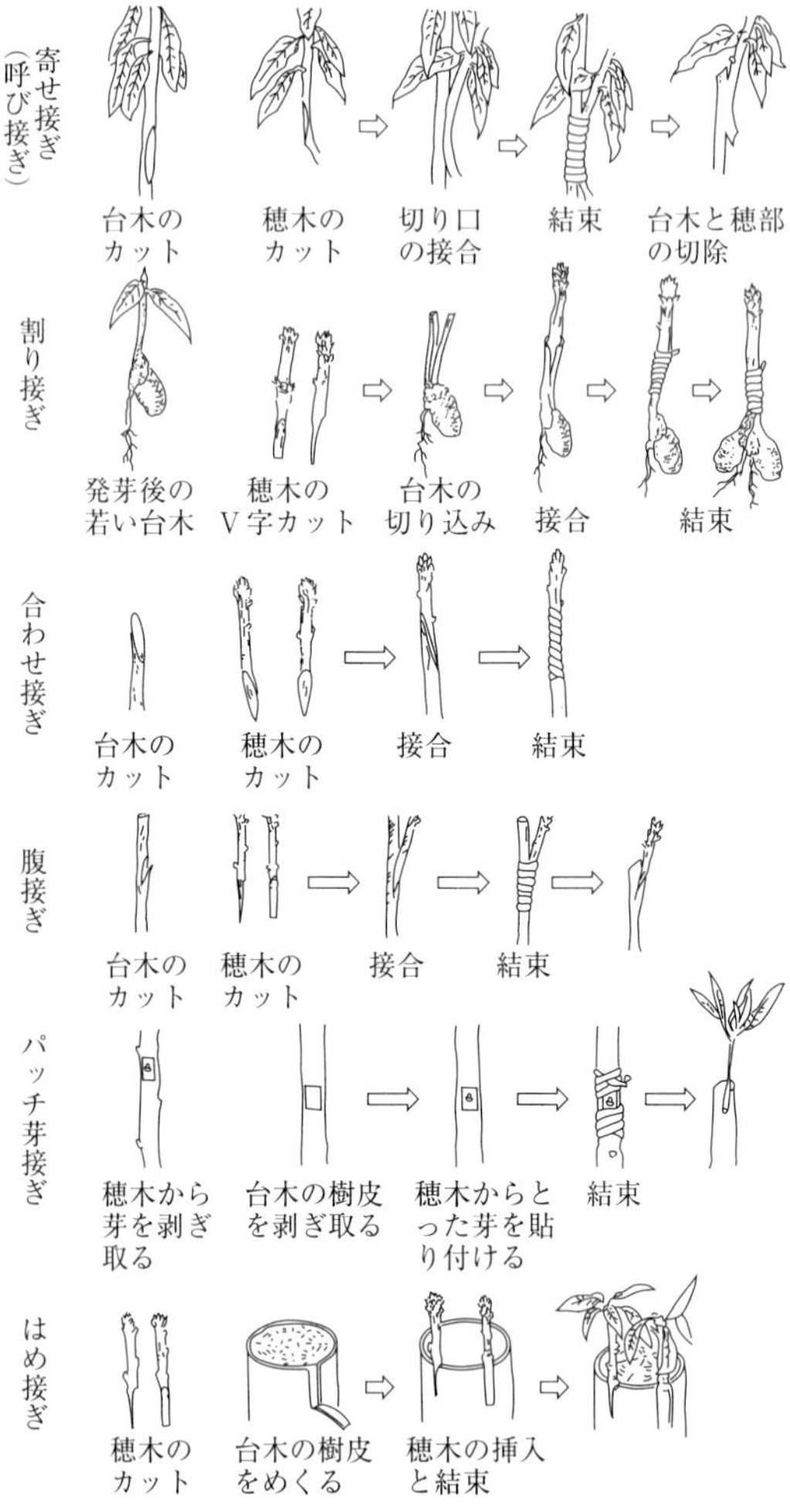

図21　さまざまある接ぎ木法

The Mango: Botany, Production and Uses (Edited by R. E. Litz, Tropical Research and Education Center, University of Florida, USA) より作成。

2　植付けの実際

(1) 新梢が緑化した頃に植え付ける

マンゴーの定植や移植は新梢が緑化して次の芽が発芽する直前が望ましい（沖縄では三〜四月、本土では五月頃）。新梢が軟らかく、まだ生長している時期は植え傷みをおこす。

苗木を購入する場合は、定植の時期にあわせて購入し、すぐに定植する。早めに届いたら自家のハウスなどで養生しておく。この場合、乾燥ストレスを与えてはならない。

(2) 計画密植して早期成園化

マンゴーは簡易でも施設栽培が必要で、初期の投資が大きい。そのため計画密植して早期成園化をはかる必要がある。この場合、まず考えなければならないのは永久樹をどう配置するかである。

マンゴーは最終的には五〜六mの樹冠幅となる。これを基本に考えた場合、ハウスの間口によって例えば間口六mのハウスでは、中央部に樹間三mで配置しておき、その後間伐して六m間隔とする。間口が八mのハウスなら、両サイドから二m内側に縦二列、樹間五mで永久樹を配置して、そ

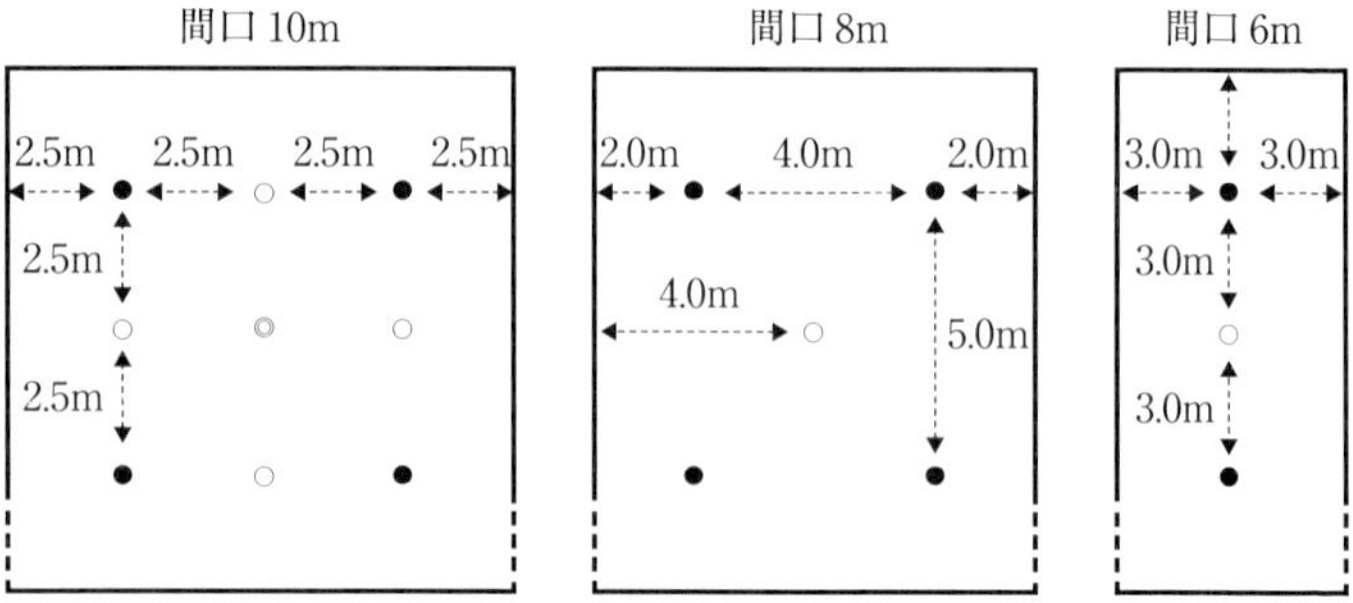

図 22　計画密植の植付け間隔（例）

注）●は永久樹，○は 1 次間伐樹，◎は 2 次間伐樹。表示は一例であり，ハウスの形状や生育条件等に合わせ計画すること。

の間のハウスの中央部に間伐予定樹を植えて初期収量を高めることができる。さらに、間口が一〇ｍもあれば二・五ｍ四方で密植し、間伐を二回に分けて行なう。そして最終的に両サイドから二・五ｍのところに縦に二列、樹間五ｍで永久樹が残るようにする。このように、計画密植はハウスの間口にあわせて植付け距離が異なる（図22）。

なお、苗木代は、二・五×二・五ｍ植えの場合、一〇ａ当たり一六〇本必要となり、一本五〇〇〇円として計八〇万円かかる。

(3) 植付けの手順

① 半年前から土壌改良

マンゴーの植付け予定の園地では半年くらい前から土壌改良を行なっておく。土壌が深い園地では防根シートを敷いて、その上に土壌改良した土を五〇㎝程度の深さに入れておく。根が横方向に伸びて防根シートからはみ出さないように、側

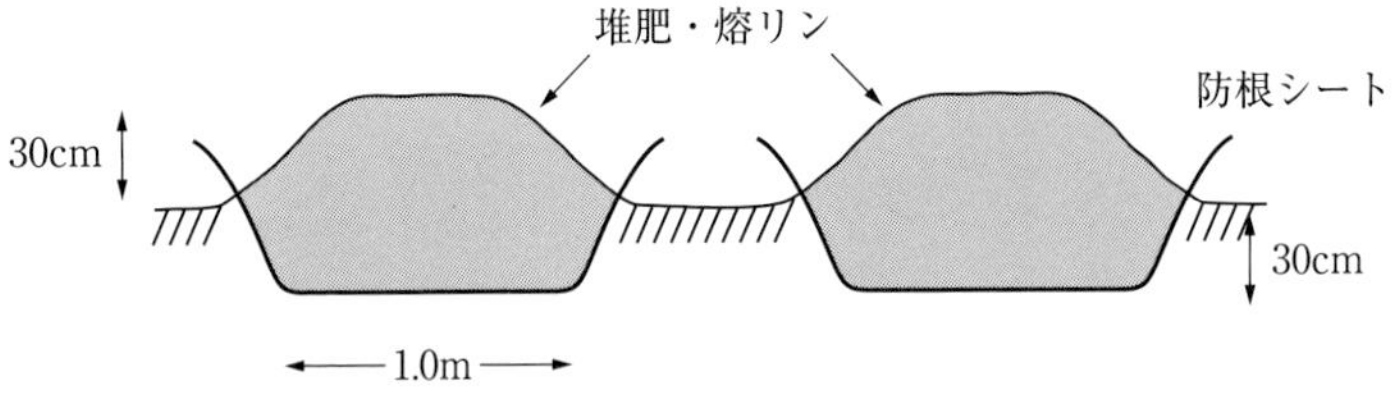

図23　根域が拡大しないように植え穴には防根シートを敷く

面にも防根シートを忘れずに入れる（図23）。

防根シートは根が貫通しにくい厚手のものが望ましい。各メーカーからいろいろ販売されているが、排水性の悪いものはシートと土壌の隙間に水が溜まり、生育阻害を招く。根は通さないが水はよく通す資材がよい。

植付けの数ヵ月前になったら八〇cm四方の植え穴を掘り、そこに苦土石灰五kg、BM熔リン三kg、完熟バーク堆肥かピートモス、ヤシガラ堆肥など二〇kg程度を入れ、土とよく混ぜて埋め戻す。微量要素の入った土壌改良材もこのときに一緒に投入しておくとよい。

②根を広げるか切り返して植える

植付けは、気温と地温の高い時期ならいつでもよい。

ポット育苗した苗は順調に育ったものでもポットの底で根が円形に巻いている。そのまま植え付けると生育がよくないので、根を横方向に広げるか、曲がり始めたところまで切り縮めて植え付ける。根を切ることにそれほど臆病になる必要はない。五年生以上の成木でも、地上部と地下部を極端に切り縮めて移植することができる。

ある程度土壌が沈むことを考え、地面より株元が高くなるように根苗を

写真37　定植直後の様子。苗木は支柱で支え，園地全面にワラなどを敷く

置き、周囲の土壌を寄せるようにして植え付ける。

③植付け後に支柱と敷きワラ

植付け後に支柱を立て、株元が動かないように固定して根の活着を進める。たっぷりと灌水して園地全面にワラなどを敷きつめる（写真37）。敷きワラは土壌乾燥を防止して表層に根を発達させるのに役立つばかりでなく、雑草抑制や管理作業による土の踏み固めを防ぐクッションにもなる。

(4)受粉率向上に異品種混植も

「アーウィン」は単一品種だけでも結実しているので、自家結実性が高いと思われる。しかし、アーウィン以外の優良品種を混植することで、双方の有種子果実の結実率を高めることができるはずである。その場合、どの程度の混植率がよいのかはまだ定かでないが、果樹の一般は主品種と受粉品種が八対一程度なので、マンゴーの場合もそれぐらいでよいと思われる。

栽培管理上は開花や収穫時期の近い品種を選ぶことが有利である。晩生の「キーツ」は早生のアーウィンと開花時期はほとんど同じだが、熟期が一ヵ月も遅いので、一緒に植えると開花後の栽培管理が困難になる。近接したハウスで別々に栽培してもよいが、その場合は防風ネットを取り外してハエなど花粉媒介昆虫が容易に出入りできるようにしてやる必要がある。

3　初結実までの若木の管理

(1) 一年目は乾燥に気を付け、活着促進

定植直後に緩効性肥料を一樹当たり二〇〇g程度株元にまく。根が活着してこの緩効性肥料を吸収し始めるまでは約二ヵ月かかるので、チッソを多く含む液肥を使用説明に従い週一回程度の頻度で葉面散布して栄養補給する。幼木では少しずつ毎月こまめに施肥するほうがよい（表12）。

敷きワラをしておくと地面からの蒸発は少なくなるが、株元の土壌が乾燥しない程度に灌水はこまめに行なう。

樹を早く成長させるには三〇℃くらいの高温がよい。樹の生育は気温が一五℃以下になると停止するので、冬季も生育させる場合は加温をしてやる。このときは二重被覆して加温効率を高め、燃料節約に努める。

表12　定植後の年間施肥量と施肥時期（沖縄県）

定植	N成分量	年間施肥量	施肥時期			収量目標
1年目	7kg	140kg	4，6，8，9月下旬		350g／本・回	
2年目	8kg	160kg	4，6，8月下旬		530g／本・回	
			花芽分化後 1～2月	果実肥大期 4～5月	収穫直後 7～8月	
3年目	10kg	200kg	60kg	60kg	80kg	750kg
4年目	15kg	300kg	90kg	90kg	120kg	1,000kg
5年以降	20kg	400kg	120kg	120kg	160kg	2,000kg

注）1．定植苗は接ぎ木後2年以上育成した苗とする。
　　2．施肥量は「マンゴー専用1号（5―7―5）」を基準に求めた。

（2）定植後から低木仕立てを念頭に

①低い位置から主枝を三本取り出す

マンゴー栽培では、大きく育つ樹をいかに低くつくるかがポイントである。そのためには定植後から低木仕立てを心がける。そのためには苗木は地上五〇㎝くらいで切り返し、発生してくる新梢を三本選んで残りを切り取り、三本主枝整枝とする。この三本の主枝を、植付け時にいかに低い位置に形成し、横方向に伸ばしていけるかが大事である。

定植時にすでに主枝候補枝が三本ある場合は、この三本を斜め三方向に固定してやる（写真38）。主幹から三伸長節以上も伸びていたら二伸長節まで切り返し、そこから二本の強い亜主枝を出すようにする。

②横に誘引して開張樹形に

「とにかく主枝や亜主枝は水平に横方向に伸ばせ」が、マンゴー栽培の基本中の基本である。カンキツや一般の落葉果樹のように整枝していると、花は着かない、樹は暴れて天井を突き破ってしまうなど、大変な結果を招く。

著者がよく言うのは、モモの盃状形整枝よりもっともっと水平に、である（写真39）。

そのためには、こまめに枝を誘引して横方向に引っ張ることである。そして、強い枝が欲しい場合には伸長節の真ん中で切り返す。多くの枝を発生させたい場合には伸長節の節位の真上で切り返

写真38　定植後の主枝決定。主枝の数は3本。低い位置から取り出したい

写真39　新梢の水平誘引

せばよい。伸長節の真ん中で切り返すと、切り口から下の二芽が発芽して強い枝になる。節位の直下で切ると、この部分に多数存在している輪状芽が一斉に発芽してくる。全部残すと弱い枝ばかりになるので、五本発芽してきたら三本程度に間引いてやる。

写真40　管理作業が容易な一文字整枝

■コラム　作業性で有利な一文字整枝法

開張性整枝では樹冠が円を描いて外へと広がり、内部の花序の引き上げ誘引や摘果、玉吊りといった作業がしだいに難しくなる。鹿児島県の果樹試験場では、一方向に主幹を長く伸ばす一文字整枝法を取り入れ、よい結果を得ている（写真40）。樹勢を落ち着かせ、主幹の両側に結果母枝や予備枝を多数発生させるもので、栽培管理が楽になるという。

(3) 三年目から結実する

植付け三年目には初結実させられる。そしてこれ以降、順調に生育させれば、五年目には本格的に成らせることができる。

例えば、間口八mのハウスで永久樹を列間四m、樹間五mで植え、永久樹の中央部に間伐樹を植えた場合で、一〇a当たり二tの収量をあげることも可能だ（一二一ページ表3）。ただし、これは計画密植で、このままだと五年目以降は樹が込み合って縮伐か間伐が必要になる。その翌年の収量は多少減るが、うまく管理すればその後も二t以上の収量はあげられる。

4 一年間の管理

＊ここではアーウィンの六〜七月収穫の作型を基本にして紹介している。

(1) 発芽、新梢伸長、結実

① 開花前に花房を吊り上げる

六〜七月に収穫、せん定後二回伸びてそのあと停止した新梢は、貯蔵養分も十分で充実している。

写真41　花が着いたら，花房を引き上げてやる

この新梢の頂芽では十月以降、気温が一五℃以下に低下すると花芽が分化する。沖縄本島では十一月に入ってようやく気温が低下すると十二月下旬に花芽分化する。しかし、石垣島では花芽分化に必要な一五℃以下の低温になかなか遭遇できず、年によっては花芽のつかないこともあり、栽培上の最大の問題となっている。新梢先端から出蕾してきたらマンゴー栽培は半分成功したようなもので、ホッとできる。

鹿児島大学名誉教授の石畑先生がアーウィンで調査した結果では、十二月二十日頃から花芽分化が始まり、一月十日には開花が始まっている。このように、マンゴーでは花芽分化後は短期間で形態的発育がおこり、開花に至る。

花は急速に生長するので、放っておくと花序の重みで枝が下垂したり、ときには折れたりすることもある。そこで出蕾から開花までの約一ヵ月は花房（序）を樹冠外に誘引して、吊り下げる。このとき、花序の主軸を吊るようにすると後で必要な玉吊り作業も兼ねることができ、ラクである

（写真41）。枝の先端部を吊り下げると、結実後の最終摘果後にはまた玉吊りを行なわなければならない。忙しい農家の知恵である。

表13　鹿児島県の時期別施肥例

（kg／100本／10a）

施肥時期	施肥割合（%）	施肥量（kg/10a）^{z}		
		3年生	4年生	5年生以降
2月下旬	20	16.7	25.0	33.3
5月下旬	30	25.0	37.0	50.0
8月下旬	50	41.6	65.2	83.4

注）1. z：燐硝安カリ。
2. 結果量の少ない年：5月の施肥量を減らす，8月は半量。
3. 8月：80％果実収穫後に施用。

表14　鹿児島県の年間施肥例

（kg／100本／10a）

植付後樹齢	N	P_2O_5	K_2O
3	10.0	10.0	13.3
4	15.0	15.0	20.0
5以後	20.0	20.0	26.7

注）火山灰土壌は20％減，砂質土壌は20％増とする。

②春肥施肥で両性花率を高める

また開花前の二月下旬に花肥（元肥）として年間施肥量の二〇％を施用する（表13）。燐硝安カリが安価であるが、有機肥料を用いるほうが他の必須栄養素が補給でき、樹を健全に保つ。開花から果実肥大期にかけて肥料効果を持続させたいときは、多少コストはかかるが、被覆複合肥料（ロング肥料）を用いると便利である。沖縄では「マンゴー専用一号」（五－七－五）を用いている。

なお、マンゴーの施肥は一般に年三回行なう。すなわち、花肥と五月下旬の果実肥大期の実肥（年間の三〇％）、八月下旬のお

表15　ミツバチ放飼が着果と種子形成に及ぼす影響

処理区	調査果実数	花穂当たりの着果数	有種子果実数	無種子果実数
受粉区	162	16.2	50（31%）	112（69%）
無受粉区	167	16.7	1　（1%）	166（99%）

礼肥（同五〇%）である。参考までに鹿児島県の年間施肥例を表14に示した。

③受粉適温二〇～三〇℃を維持

開花期には土壌水分を多めに維持するとともに、温度管理に注意する。

マンゴーの葯の裂開には二〇℃以上が必要で、適温範囲内だと裂開直後の花粉稔性は九〇%以上と高いが数時間で低下する。また、花粉の発芽は二〇～三〇℃で高く、花粉管は二五～三〇℃でよく成長するといわれる。逆に、花粉は一五℃以下の低温と三五℃以上の高温では発芽が阻害され、一〇℃以下の低温に遭遇すると奇形になりやすい。開花初期に低温に遭遇すると奇形花粉や発芽しない花粉が多くなるという報告もある。結実率を高めて果実の初期肥大を進めるには、開花期を二〇～三〇℃で管理することが大事だ。

④キンバエを放して結実率を上げる

またマンゴーは虫媒花なので、ミツバチやキンバエなどを放飼すると、有種子果実の結実率向上に効果がある（表15）。

沖縄では、開花一ヵ月前くらいにハウス内で生魚を腐らせてキンバエを発生させ、受粉効果を高めているが、この臭さは大変なもので、近所に迷惑がかかることもある。近年は魚のかわりにフスマと魚粉や糖蜜を混ぜてウジをわかせ、ハエを増殖する方法もとられている。これでも臭いはあるが腐った魚を見るよりはましである。どこか遠くで蛹まで育て、その蛹だけハウス内にもち込めればよい。

⑤ 炭そ病対策を徹底する

開花期は水分を多く必要とするので灌水を多めにするが、ハウスが過湿になると炭そ病やうどんこ病が発生する。このために花が枯れたり、結実しなかったりする。沖縄の露地栽培が成功しなかった理由がこの炭そ病によるものだったため、降雨遮断の屋根かけ栽培が必須となったが、多めの灌水と、受粉適温の二〇〜三〇℃を確保するためハウスは密閉しがちになり、湿りやすい。加温機で夜間暖房していれば湿度が下がり、それほど問題にはならないが、そうでなければ早朝の換気に努めて結露を出さないようにする。

開花期の薬剤散布は避けたいので、出蕾から開花前に病斑部の園外へのもち出しと焼却、殺菌剤で徹底防除しておく。このときにホウ素の散布（二〇〇〇倍）もしておくとよい。ホウ素が欠乏すると不受精果実が多くなり、結実しても果皮が引きつったような果実になる。

(2) 着果管理、果実肥大

① 幼果が肥大し始めたら実肥をやる

結実後の果実肥大には実肥が必要である。年間施肥量の三〇％を、この時期に施用する。果実肥大にはカリとカルシウム（Ca）肥料が多く必要とされる。マンゴーで問題となっている生理障害の果肉崩壊症は、果実肥大後期に維管束が破壊されて発生するもので、Ca欠乏が原因とされる。Caは土壌中に十分あっても吸収されにくく、果実へも移行しにくい。急速に肥大する果実への供給が追いつかないことが多い養分である。また、カリ肥料の多用はカルシウムの吸収を阻害する。必要な場合は葉面散布などで補う。

②こまめな灌水で落果を防ぐ

花芽分化期の土壌乾燥（pF二・五〜二・九）は出蕾、開花を早めるが、開花期以降の土壌乾燥は落果の原因となる。

開花〜果実肥大期にpF一・八〜二・三の土壌水分を維持すると生理落果を軽減できる。また糖度が高く果皮の赤い果実となり、ヤニ果や収穫前落果も少なくなる。

③最終摘果で一果房に一〜二果残す

果実と果実の間の養分競合を軽減して生理落果を少なくし、当年果実の肥大と品質向上をはかるとともに、結実過多による翌年の減収を防ぐために摘果を行なう。

最初に摘果する果実は、奇形果や不受精果である。不受精果は丸みを帯びて、開花後一〇日頃までにはほとんど落ちてしまう。そこで、これらは手で果房をゆすって積極的に落としてしまう。さらに、満開後三〇日頃までに弱い枝に結実した果実、樹冠内部の日当たりの悪い位置にある果実、不受精果（果実の腹の部分にくぼみがある）、奇形果や病虫害果を随時摘果して、果房中に四個程度が残るようにする。

その後は果実が急速に肥大するので、生理落果の様子を見ながら、太い枝には二個、ふつうの枝には一個残すように摘果する。

適正な着果数は樹勢、樹齢、栽培法（土耕やポット栽培）などによって異なるので、目標収量を決めて栽植本数から一樹当たりの着果数を増減する。適正な葉果比はおおむね五〇～七〇枚に一果である。

写真42　摘果後に果実を一個一個吊り下げる

④ 摘果後に玉吊りと袋かけ

最終摘果と同時に、果実を一個一個吊り下げて太陽光線を十分当てるようにする（写真42）。「アーウィン」はこの時期に太陽光線を十分受けないとアントシアニンが生成されず、果皮があまり赤くならず高値販売できない。

ついで、果実が肥大して果皮色が暗紫色になってきたら白色の袋をかける（写真43）。この袋かけの

写真43　果皮の色が暗紫色になってきたら袋をかける

時期が早すぎると果皮色が悪くなり、遅すぎると病害果、日焼け果になりやすい。なお袋かけの前に、炭そ病、カイガラムシ、ホコリダニ、スリップスなどの防除をしっかり行なっておく。そうでないと袋の中でこれらの病害虫が繁殖して、収穫してガッカリということになりかねない。

⑤炭そ病対策に収穫後の温湯処理

とりわけ炭そ病は、幼果期に果皮中に進入して潜伏し、収穫後に果皮が老化すると一気に増殖して果皮に黒い斑点をつくる。それが日を追うごとに広がって販売上の大きなマイナスとなる。沖縄ではこの対策として、果実（アーウィン）を収穫してすぐに五二℃のお湯に一〇分間漬け、その後冷たい流水で一〇分程度冷やす実験を行なった（後述の温湯処理）。こうすることで、果皮での炭そ病の拡大を防止できる。しかしこの処理をした果実は、しない果実のような果皮の光沢が失われ、果物としてのアピール度が低下する。検疫上やむなく温湯処理される台湾産の「アーウィン」との差別化をはかるためにも、できれば避けるべきである。

⑥チッソ肥効が切れるように

果実肥大にチッソは欠かせないが、あまり遅くまで効いていると果皮の地色が抜けず、収穫後の貯蔵性も低下する。果実成熟期にはある程度チッソが切れるような施肥管理が必要である。

(3) 収穫・追熟・出荷

①果実が袋内に落ちたら収穫

熟度の不十分な果実を収穫して追熟しても、萎れるだけで軟化しない。また適熟期に達していなかった果実は軟化しても糖度が低く、酸含量も高い。適熟を判断するのが難しいマンゴーだが、「アーウィン」は熟期になると落果するのでわかりやすい。しかし落果して果実を傷めないよう、あらかじめ袋やネットをかぶせ、花軸に固定しておく。そして、毎日園内を見回ってそれらの中に落ちている果実を収穫する。

②落果しない品種は果皮や果肉を見る

しかしアーウィンのように収穫適期を落果で知らせてくれる品種ばかりではない。そうした品種の場合、果皮色や果肉の色で収穫適期の判断を行なうことが多い。

例えば、黄色系の品種は、果皮が緑色から白黄色に変わり始めた頃に堅い果実を収穫して追熟させれば、たいていは問題なく食べられる。また、赤色系の品種の果皮色はアントシアニンの紫と、葉緑素の緑とのバランスからなっている。未熟果実の果皮色は紫色を帯びて、果頂部には緑色が残っている。これが熟期になると、果頂部の緑が黄色くなり、紫から紅色に急激に変化する。この変化が現われると「アーウィン」では一日後くらいに落果する。中には「センセーション」のように、果実内部の成熟よりも先に果皮色が真っ赤になる品種もあり、早期収穫して追熟に失敗することがある。このような品種では、未熟時の白緑色から熟度が進むにつけてクリーム色に、あるいは薄黄色から橙色になる果肉の色も参考にして、収穫するとよい。

南アフリカでは果肉色、オーストラリアでは果皮色と乾物率が収穫適期の判断基準によく用いられている。しかしこれらは品種により異なるので、それぞれの特性をよく把握しなければならない。

③果実の外観でもある程度わかるが…

マンゴー果実の肥大の仕方をみていると、縦と横が大きくなって、熟期になると厚みが増してくる。いわゆる果実に丸みが出てくる。果実の肩部が厚く膨らんできて、果柄部が凹んでくるという表現をする人もある。このような肩部のふくらみ具合で熟期を判断することもあるが、「キーツ」などはこれで適期を正確に判断するのはなかなか困難である。

鹿児島大学の石畑先生らは、フィリピンの「カラバオ」を用いて食塩水による比重選別法を検討されている。それによると、この品種では比重一・〇二〇の食塩水に入れ、果実がわずかに水面に顔を覗かせるくらいが適当ということである。追熟した場合に一定の品質が保証される。この選別法は、出荷前の簡易な果実選別法としてすでに活用されているが、使用する食塩水濃度は品種により異なる。

近年は、ミカンやモモなど糖度センサーで選別を行なっている。マンゴーは果皮の直下が果肉なのでセンサーによる糖度選別は比較的容易である。実際、宮崎の「アーウィン」ですでに導入され、「太陽のたまご」というブランドの維持に役立っている。

写真44　収穫が遅れると果肉がゼリーのように崩壊し，風味が失われる

④ ただし樹上に置きすぎない

「キーツ」など熟期になっても落果しない品種は収穫遅れになることがある。そうなると、果実内で種子発芽が見られ、果肉に青臭さや苦みが出る。「ジレイト」のように果肉がゼリー状に崩壊して（写真44）、風味のない果肉になる品種もある。

数多いマンゴーの品種それぞれの適熟期を見きわめ、追熟しておいしく食べることができるようになるには、まだ何年もの経験が必要だろう。

⑤ 果梗枝を長めに残して収穫

マンゴーの収穫では果実に近い部分の果梗を切ると、

そこから透明な樹液状のものが溢れ出し、果面を汚してしまう。この樹液は酸性が強くてテルピノレン（Terpinolene）を含み、ウルシに弱い人が触れるとかぶれる。果皮を傷付けてもこの液は出てくる。しかし果梗部から先の果梗枝部までは流動していないので、収穫する場合は果梗枝を長めに残して切り取り、果実が多少乾燥してから再度果梗基部で切るようにする。それでも液状のものが出たときはタオルなどで吸い取り、果面についたものはすぐに濡れタオルで拭きとる。

この液の量は品種で異なり、「ケンジントンプライド」で多く、果皮を傷めることがあるので、注意深く拭き取る必要がある。またチッソ過多で生育した果実は、この樹液による果皮の被害が大きくなる。

アーウィンでは果実が完熟すると果柄に離層ができて、吊るしておいた袋中に落果する。落果した果実は速やかに収穫し、果柄からにじみ出た樹液が果皮に付着していたら濡れたタオルでていねいに拭きとる。そのままにしておくと火傷状になり外観を損なう。

⑥ 出荷前の温湯処理

前述のように、炭そ病は販売上の大きなネックとなっている。これを防ぐ方法として温湯処理がある。

やや未熟で収穫される果実や処理に弱い「アーウィン」「ジル」は四五～五〇℃の温湯に五分間、熟度が進んでから収穫された果実や処理に強い品種は五〇～五五℃の温湯に五分間漬けると、炭そ病の拡大を抑えることができる。沖縄では、アーウィンを収穫してすぐに五二℃のお湯に一〇分間漬け、その後冷たい流水で一〇分程度冷やす実験を行なったことは前に述べた。

この温湯処理は、軸腐れ病の防除にも有効とされ、七分間の浸漬が必要とされる。ただしこれらの効果は、収穫後三日以上たってからの処理では低下すると報告されている。

この温湯処理で大切なことは、処理後に流水で冷やしてやることである。これをしないと果実が急速に軟化してしまう。温湯処理効果をさらに確実なものとするには、ベノミル（五〇〇～一〇〇〇ppm）、チアベンダゾール、イマザリルなどの殺菌剤を混ぜるとよいが、わが国では登録はない。

ただ、前にも述べたように温湯処理した果実は果皮の光沢が失われる。国産マンゴーでは温湯処理は行なうべきでない。

⑦二二℃で追熟すると減酸が早い

マンゴーはアボカドや西洋ナシと同じ、エチレンが引き金となって呼吸量が上昇し、果実が軟化するクライマクテリック型果実である。

マンゴーでは収穫まで果実中にデンプンが蓄積され、収穫後の追熟（呼吸量の上昇と軟化）過程でそのデンプンが糖分に変化する（表16）。しかしアーウィンでは、樹上ですでにエチレンを出して呼吸が高まり、追熟過程に入っていることがうかがわれる。アーウィンの全糖含量を調べると、緑熟果で収穫した直後に五・一七％だったのが、その後追熟させて一三・七一％になったが、樹上完

表16　果実の生育中および追熟中の果肉糖類，デンプンの変化（果肉に対する%）

結実後の日数	デンプン	全糖	非還元糖	還元糖	ブドウ糖	果糖
30	1.13	2.68	0.33	2.36	1.36	0.95
45	4.35					
60	6.02	5.01	3.95	1.06	0.68	0.38
75	12.05	5.87	4.52	1.35	0.80	0.59
90	13.79	6.81	5.75	1.06	0.63	0.43
92	8.21	9.72	4.43	5.29	2.39	2.90
95	1.46	15.16	9.24	5.92	3.05	2.88
98	0.34	16.58	13.98	2.60	2.19	0.41
101	0.33	16.76	14.17	2.59	1.47	1.11
105	0.30	16.62	13.89	2.73	1.07	1.65
109	0.25	12.82	0.56	12.26	6.88	5.38

注）92日以後は収穫後，追熟8日後の測定。品種「アルフォンソ」。
Leley, V. K., N. Narayana and J. A. Daji. 1943. Biochemical studies on the growth and ripening of the Alphonso mango. Indian J. Agric. Sci. 13:291-299 より。

熟で収穫した直後の果実は一三・九七%、追熟させ軟化した時点でも一三・九六%であった。

追熟の条件について見てみると、メキシコ産の四品種のマンゴーを緑熟果で収穫し、湿度八五～九〇%で軟化するまで追熟させた結果（表17）、酸度は高温で追熟させたほうが低下し、二二℃以上で減酸が促進される。しかし追熟後の糖含量は追熟温度には影響されず、品種の差が大きい。なお、糖分でもっとも多く含まれるのはショ糖で、全糖含量の五五～八一%を占め、次いで果糖、ブドウ糖の順である。

ところで、バナナなど多くの果実の追熟促進にエチレンガスが用いられている。それまではカルシウムカーバイドが用いられていた。エチレンガスに対する反応は、マンゴー、バナナ、アボカドの順で高く、マンゴーでは空気一l中にエチレン

表17　マンゴー果実の追熟温度が，完熟果の酸，糖含量に及ぼす影響

	品種	追熟温度					
		16	18	20	22	25	28
滴定酸度（%）	ヘイデン	0.42	0.08	0.08	0.06	0.08	0.04
	アーウィン	0.21	0.18	0.20	0.07	0.10	0.05
	ケント	0.18	0.12	0.20	0.18	0.23	0.12
	キーツ	0.10	0.02	0.05	0.05	0.08	0.04
ブドウ糖（%）	ヘイデン	1.3	1.0	0.9	0.9	1.3	1.2
	アーウィン	1.7	1.4	1.0	1.0	1.0	0.9
	ケント	1.4	0.9	1.0	1.3	1.3	1.3
	キーツ	0.9	0.5	0.5	0.6	0.2	0.4
果　糖（%）	ヘイデン	3.2	2.8	2.9	2.2	2.6	3.2
	アーウィン	4.3	5.2	4.6	4.3	3.6	4.5
	ケント	4.8	3.8	4.2	4.5	3.4	3.5
	キーツ	4.5	3.7	4.9	4.0	3.8	4.2
ショ糖（%）	ヘイデン	8.6	12.0	12.2	13.3	9.7	9.6
	アーウィン	7.7	8.2	9.4	11.4	9.3	11.5
	ケント	12.8	15.9	15.5	15.0	12.3	12.4
	キーツ	13.4	13.5	13.2	13.3	14.0	15.1

Vazques-Salinas, C. and S. Lakshminara-yana. 1985. Compositional changes in mango fruit during ripening at different storage temperature. J. Food Sci. 50:1646-1648. より。

ガスが〇・〇一マイクロlあれば追熟の引き金になるが、バナナでは〇・〇五〜〇・二五マイクロl、アボカドでは一マイクロl必要である。早く追熟させたい場合はエチレンガスを利用することも考えたい。

⑧ 貯蔵温度と低温障害

貯蔵するときは温度に注意する。アーウィンやトミーアトキンス、キーツは、八℃で長時間置くと低温障害を受け、果肉テクスチャーが低下する。しかし、一〇℃、一二℃ではそうした低温障害は見られなかったという報告がある。またキーツを、八℃と一二℃で二一日間貯蔵した後に二五℃で追熟させた場合、八℃で貯蔵したものは低温障害が出たが、一二℃で貯蔵したものは出なかった。インド系のマンゴーは一三℃以下で低温障害が発生する品種が多い。低温障害を受けると果皮が灰色っぽく火傷したようになり、果肉の軟化が不均一で、香りがなく、腐敗しやすくなる。

トミーアトキンスではホウ素欠乏状態で生育した果実は低温障害を受けやすく、その他の品種でもカルシウムが不足した果実は低温障害を受けやすい。また収穫期の降雨や灌水でチッソを多く吸収した果実の貯蔵性も低下する。さらに養分のアンバランスが果肉崩壊症などの生理障害を引きおこすこともよく知られている。

マンゴー果実の貯蔵期間を延ばすには、温度管理とともに二酸化炭素濃度を高めて酸素濃度を下げる。一般的には、酸素三～五％（東南アジアの品種では五～七％）、二酸化炭素五～一〇％で一三℃（同一〇～一五℃）が許容範囲といわれている。酸素濃度の低下は追熟遅延、二酸化炭素濃度の上昇は果肉軟化の遅延に効果がある。

外国ではその他、「キーツ」をクライオバック・ポリエルフィン（Cryovac polyelfin）フィルムでラッピングすることで果実のしおれを防いだり、「ナムドクマイ」を有孔フィルムで包装して貯蔵期間を延長できるとする報告がある。ただし通気性のフィルム以外で包装すると果実に異臭が発生したり、追熟が正常に進まなかったりする。

(4) 大事な収穫後管理

① 収穫後にすばやくお礼肥を施す

翌年の収量を確保するには収穫を一日でも早く終了し、新梢を発生させて、気温が低下するまでに樹勢を回復することである。お礼肥は、すぐに効果が出て、晩秋まで遅効きしない化成肥料がよい。チッソ分が残ると秋芽が発生してしまう。また、すべての果実の収穫が終わってから施肥したのでは吸収が遅れる樹も出てくるので、収穫後半になったら多少果実が残っていても施肥したい。収穫遅れの果実に未練を残していると、翌年の果実を減らすことになる。大局的な観点から、収穫期の遅れた果実を犠牲にする場合もある。

なお、施肥した肥料が土壌中で溶けて吸収され、発芽を促進していくためには灌水も必須である。

② 収穫後のせん定は最小限に

枝の切り返し程度が強いほど樹は栄養生長に向かう。マンゴーはいったん栄養生長に向かうと樹勢のコントロールが効かず花を着けなくなる。強せん定はなるべく行なわないようにする。とくに気温の高い沖縄ではそうである。また、和歌山県の抑制栽培などで収穫期が九月になる場合も無せん定に近い栽培を行なわないと翌年の収量が減る。

着花を確実なものとするには、せん定は一伸長節分の切り戻し程度にとどめておく。強いせん定は強い枝の発生を促進し、よい結果をもたらさない。

③ 結果母枝を水平以下に誘引

沖縄のマンゴー栽培農家は、十月以後に枝（結果母枝）を水平方向に誘引することを花芽着生の必須作業としている。マンゴーは頂芽優勢性がきわめて強く、枝が上向いた状態で充実すると新梢が発生してくる。花芽を誘導するには二ヵ月以上新梢を発生させないことが重要である。そのため、枝を横方向から下へ誘引するのである。

土壌を乾かして新梢発生を抑えることも可能だが、強度の乾燥は樹の光合成量を低下させて貯蔵養分の蓄積を妨げる。かえって花の量を減らしてしまうことになる。

枝の誘引以外で新梢の発生を抑える方法には環状剥皮もある。主枝または亜主枝に枝直径の五分の一程度の幅で樹皮（形成層まで）を剥ぎ、ガムテープで保護する。時期は六〜九月に行なう。またもう一つ、日本では登録がないが植物成長調整剤（ナフタレン酢酸、パクロブトラゾール）で花芽を誘導する方法もある。しかしいずれも両刃の剣で、失敗すると樹勢の極端な低下につながる。

■コラム　植物成長調整剤による周年栽培

東南アジアの農家はマンゴーの花芽誘導にパクロブトラゾールを利用して、周年生産を可能としている。わが国に一年を通して東南アジア産のマンゴーが輸入されているのは、このためである。

植物成長調整剤を散布して二ヵ月ほどすると花芽分化がおこるが、そのままでは発芽してこない。花芽は形成したが枝は寝ている状態である。この目覚まし剤（催芽促進剤）として使われるのが、硝酸カリとチオ尿素である。硝酸カリは一～三％、チオ尿素では〇・五％濃度の水溶液を葉面散布する。

5　病害虫の防除と生理障害

ここでは、『マンゴーの病害虫たち』（沖縄県農林水産部）に掲載されている主な病害虫からその対策を紹介する。

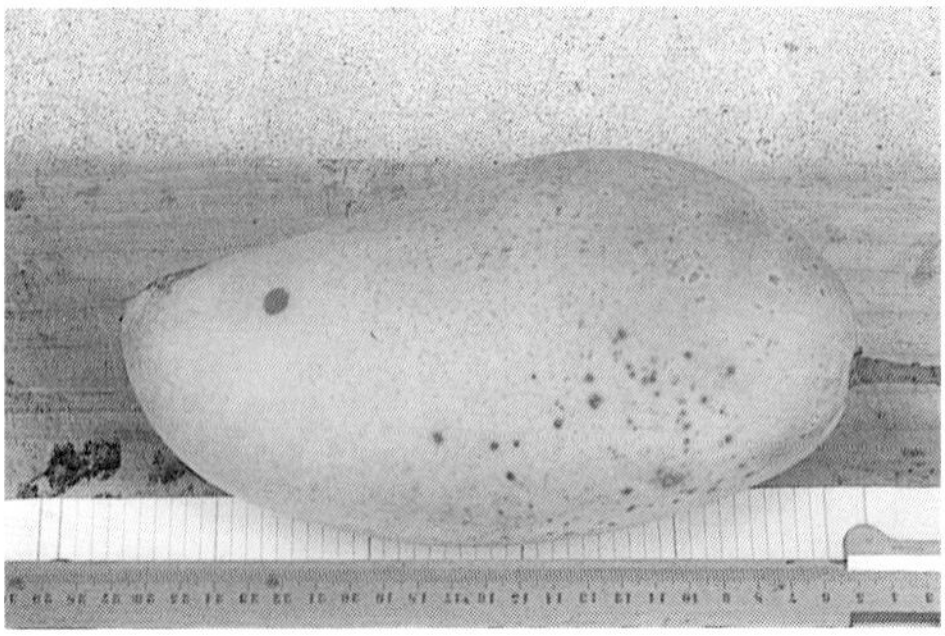

写真45　炭そ病の斑点が見られるマンゴー果実

(1) おもな病害と防除

炭そ病　カビ（糸状菌）が葉、花、芽や果実を侵す。葉や花軸では黒い斑点をつくり、しだいに大きくなり円形の病斑になる。果皮部では黒みがかった褐色の斑点がしだいに拡大し（写真45）、大型の病斑になる。現在、表18にある各薬剤が登録されている（平成十九年十月二十六日。以下同）。耕種的には、罹病した枝、葉、果実などを早期に園外にもち出して焼却する。

軸腐れ病　これもカビが原因でおこる。収穫時は正常に見えた果実が消費者に届いた頃に果梗部が腐り、消費者からのクレームが多い。一日室温でおくと罹病した果実は果梗基部が水浸状になるので、収穫後一日以上たってから箱詰めするという手もある。

感染した枝では、せん定後に切り口から黒く枯れる。発生がひどくなると株ごと枯れる場合がある。幼樹や樹勢の弱い樹に多く発生する。罹病した枝や果実はすぐに園外にもち出して焼却する。罹病した枝を切ったせん定バサミは漂白剤で殺菌し、切り口にはトップジンMペーストを塗布しておく。

かいよう病　細菌性の病気で、葉、枝、幹を侵す。葉では、黒い斑点ができ、やがて盛り上がって

表18　マンゴーで使用可能な農薬リスト（平成19年度）

●登録済み農薬（平成19年10月26日現在登録済みのもの）

予：予防効果，治：治療効果

		対象病害虫	商品名	系統	使用時期	使用量又は希釈倍数	総使用回数
1	菌	炭疽病	オーソサイド水和剤80（予）	有機塩素	収穫7日前まで	600倍	3回以内
2	菌		ベルクート水和剤（予＋治）	グアニジン	収穫75日前まで	1000倍	2回以内
3	菌		ジマンダイセン水和剤（予）	有機硫黄剤	収穫45日前まで	800倍	2回以内
4	菌		ストロビードライフロアブル（予＋治）	ストロビルリン	収穫前日まで	2000倍	3回以内
5	菌		アミスター10フロアブル（予＋治）	ストロビルリン	収穫前日まで	1000倍	1回
6	菌	軸腐病	スミレックス水和剤（予＋治）	ジカルボキシイミド	収穫21日前まで	1000倍	3回以内
7	菌	うどんこ病	トリフミン水和剤（予＋治）	EBI	収穫7日前まで	2000倍	3回以内
8	菌	かいよう病	ICボルドー66D（予）	無機銅	—	40～50倍	—
9	菌	灰色かび病	ロブラール水和剤（予＋治）	ジカルボキシイミド	収穫7日前まで	1000倍	3回以内
10	菌		フルピカフロアブル（予）	アニリノピリミジン	収穫14日前まで	2000培	3回以内

		対象病害虫	商品名	系統	使用時期	使用量又は希釈倍数	総使用回数
11	虫	アザミウマ類	アドマイヤー顆粒水和剤	（ネオニコチノイド）ピリジルメチルアミン系	収穫14日前まで	10000倍（1万倍）	合計2回以内
12	虫	チャノキイロアザミウマ	アドマイヤー水和剤	（ネオニコチノイド）ピリジルメチルアミン系		2000倍	
13	虫	チャノキイロアザミウマ	スタークル顆粒水溶剤	（ネオニコチノイド）ニトログアニジン系	収穫前日まで	2000倍	合計3回以内
14			アルバリン顆粒水溶剤				
15	虫	チャノキイロアザミウマ	モスピラン水溶剤	（ネオニコチノイド）ピリジルメチルアミン系	収穫35日前まで	2000倍	3回以内
16	虫	チャノキイロアザミウマ	コテツフロアブル	呼吸阻害剤	収穫14日前まで	2000倍	2回以内
17	虫	チャノキイロアザミウマ	スプラサイド乳剤40	有機リン	収穫45日前まで	1500倍	2回以内
18	虫	アザミウマ類	アクタラ顆粒水溶剤	（ネオニコチノイド）ニトログアニジン系	収穫14日前まで	2000倍	2回以内
19	虫	アザミウマ類・コナカイガラムシ類	ダントツ水溶剤	（ネオニコチノイド）ニトログアニジン系	収穫7日前まで	2000～4000倍	3回以内

		対象病害虫	商品名	系統	使用時期	使用量又は希釈倍数	総使用回数
20	虫	ハダニ類	ピラニカ水和剤	ピラゾール	収穫14日前まで	1000倍	1回
21	虫		マイトコーネフロアブル	ビフェナゼート	収穫7日前まで	1000倍	1回
22	虫		バロックフロアブル	オキサゾリン	収穫7日前まで	2000倍	2回以内
23	虫		クミアイアタックオイル	マシン油	緑枝硬化期から出蕾期	100倍	—
24	虫		グリーンオイル（マシン油）		収穫後から幼果期		
25	虫		スピンドロン乳剤（マシン油）				
26	虫	チャノホコリダニ，ハダニ類	サンマイト水和剤	ピラゾール	収穫30日前まで	1000～1500倍	2回以内
27	虫	コシロモンドクガ	DDVP乳剤50	有機リン	収穫14日前まで	2000倍	3回以内
28	虫	ドクガ類・ハマキムシ類	ロムダンフロアブル	脱皮促進剤	収穫21日前まで	2000倍	2回以内

●果樹全般で登録がとれている農薬のうち，マンゴーで使用する可能性の高い薬剤（抜粋）

		対象病害虫	商品名	使用時期	使用量又は希釈倍数	使用回数
1		切り口及び傷口の癒合促進	トップジンMペースト	剪定整枝時期，病患部削り取り直後，及び病枝切除後	原液塗布	3回

以上は，残留農薬制度（ポジティブリスト制度）に基づき沖縄県農業改良普及センターが作成。

角張った斑点となる。枝では表皮が黒く亀裂し、裂けた部分に暗褐色のヤニを生じる。果実でも果皮に黒い斑点ができ、進行すると凹みや亀裂を生じる。罹病した部分は早めに園外にもち出して焼却する。強風と雨で被害が拡大するので、台風の前後には防除が必要である。ボルドー液（四〇〜五〇倍）がもっとも効果的である。

うどんこ病　カビが原因で、葉、花、花序や未熟果実の表面が白い粉で覆われる。花軸や花が罹病すると、開花不良や落果を招く。通気不良、日照不足で発病しやすいので、樹冠が込み合わないようにする。罹病した部分はビニル袋に入れて園外にもち出し、カビが飛び散らないようにする。トリフミン水和剤が登録されている（二〇〇〇倍）。

灰色かび病　カビが原因で、主に花序部を侵すので結実に影響する。枝の罹病部分で越年し、病原菌は花序の傷部分から侵入する。灰色のカビが発生し、ひどくなるとワタ状になり花序を枯らしてしまう。低温・多湿で発生しやすいので（発生適温は二一〜二三℃）、通風をよくして湿度を下げる。うどんこ病同様、胞子を飛び散らさないように罹病部を園外にもち出して焼却する。ロブラール水和剤（一〇〇〇倍）、フルピカフロアブル（二〇〇〇倍）の登録がある。

すす病　葉がすすで黒く覆われた状態になる。すすの正体はカビで、カイガラムシやマンゴーキジラミなどが葉に寄生してミツ状の液を出す。このミツ状液でさらにカビが繁殖する。そのため、これらの害虫を防除しなければならない。

(2) おもな害虫と防除

マンゴーハダニ　一九九六年、沖縄で発見された。食害された葉は白い斑点状の食痕を生じる。被害部はカスリ状になり、光沢を失い、黄化して落葉する。高密度になると頂芽を糸で覆い、新梢を枯死させる。

マンゴーサビダニ　葉表で発生する（写真46）。成虫は〇・一五㎜ときわめて微小で、被害葉が黒褐色に変色してくるまで気づかない。被害がひどくなると葉が黄化して落葉する。

写真46　ダニ被害の葉

チャノホコリダニ　葉裏で発生する。成虫は〇・二㎜ときわめて微小で、これも被害が出てくるまで気づかない。頂芽に多く寄生すると発芽しなくなる場合があり、花穂や果実に発生すると商品価値を著しく低下させる。サンマイト水和剤（一〇〇〇〜一五〇〇倍）の登録がある。ダニはすぐに薬剤抵抗性が出てくるので、開花前にマシン油乳剤（二〇〇倍液）で防除しておくのが望ましい。

マンゴーキジラミ　葉裏で多発し、すす病を発生させる。成虫は〇・九㎜前後で、セミに似ている。成虫は新葉に飛来し、産卵する。幼虫は扁平で逆三角形をしており、新葉の葉脈に沿って吸汁し、葉を黄化させて落葉させる。

ワタアブラムシ　新葉、花穂、果実に寄生し、ミカンキジラミ同様、排泄物ですす病を生じさせる。

カイガラムシ類　葉、果梗、果実に発生し、栄養分を吸収し、衰弱・枯死させる。また排泄物がすす病を発生させる。甚大な経済的被害をもたらす。このうち、マンゴーシロカイガラムシは葉面に多く見られる。果実にも寄生し、寄生部が着色しない。

アザミウマ類　口針を植物に刺して吸汁して被害を与える。新梢、新葉の葉裏および花に発生し、落葉させたり果実の表面をサビ状にする。アドマイヤー水和剤など各剤が登録されている（表18）。

(3) 病害虫より恐い枝枯れ症

① 開花期に急に花序や結果枝が萎れる

近畿大学湯浅農場がマンゴー栽培を始めた頃、沖縄から苗木を購入して育て、初結実が見られる年になって急に花序や花の着いている枝が萎れる症状が多発した。著者も当時、和歌山県果樹園芸試験場において同様な症状に遭遇した。その樹は結局、台木部から上がすべて萎れてしまった。原因は当初、接ぎ木不親和かと考えられたが、近畿大学の佐々木勝昭先生らは、幼木で根が十分に発達しないまま結実期を迎え、春先に必要な水分を吸収できないために萎れたのではないかと推察した。

②かいよう病が関与している？

著者は、萎れた枝の維管束が黒く変色していたので、何か病気が関与しているかもしれないと考え、病理研究室長にその分離、同定を依頼した。すると、かいよう病菌が分離できたといわれた。

二〇〇六年、二〇〇七年と大型の台風に見舞われた沖縄・石垣島の園でも枝が黒く萎れる症状（写真47）が多く見られ、かいよう病菌に近い細菌が原因といわれている。気温が低下する十一月以後に症状が多発しており、それらのもち出し焼却処分が求められている。

写真47　枝が黒く萎れ枯れていく，細菌性枝枯れ症

③樹勢維持に気を配り、定期的な殺菌剤散布を

本土で、マンゴーの生育適温よりかなり低い温度で越冬する場合は、最低気温を一〇℃程度まで上げてやるか、低温に強く強樹勢の台木を用いて、樹を弱らせないかだが、現在は台湾在来種子より耐寒性のある台木が入手できない。著者は、タイ北部からヒマラヤにかけて自生するネパールマンゴー（*M. sylvatica* Roxb）の種子を入手して、これを将来、台木として試してみたいと考えている。

また、極端な乾燥や過湿を避けることも大事だ。根を枯らさないよう、適度な土壌水分で樹勢を保つ。そして開花期には地温を高め、根の活動を助けてやる。地表部に多くの細根を確保できる土壌改良や有機物のマルチも有効だ。

さらに、かいよう病対策として、屋根のビニルをはずすときには事前に殺菌剤を散布しておく。また秋から春にかけて、昼夜温の変動でハウス内に結露が生じると病原菌が感染する。ハウスで雨がかからないといって安心してはいけない。被覆下でも定期的な殺菌剤散布は必要である。

(4) 果実の生理障害

① ヤニ果

果実肥大盛期から後期にかけて、表皮からヤニ状の細胞液がにじみ出ることがある（写真48）。その部分が汚れて商品価値を低下させ、炭そ病や腐敗の原因となる。一日の温度差、湿度差の大きい無加温ハウスで多く見られ、沖縄のような昼夜温の差が少なくて常時高湿度で推移するハウスではヤニ果は少ない。

鹿児島県果樹試験場によると、最低気温二四℃と二〇℃で比べたところ、二〇℃では満開から五〇～六〇日後に気孔の両端に亀裂が発生し、徐々に大きくなって、ヤニ果の原因になるとしている。これを抑えるには夜温を二三～二四℃以上に保って、果面の結露を防ぐことが肝要である。

② 果頂軟化症（ソフトノーズ）

果頂部の果肉が水っぽくて軟らかくなり、発酵臭がする症状である。症状が進行すると果肉全体が崩れるようになる。外観は正常な果実と異ならないため、出荷先でクレームが出やすい。

原因はよくわかっていないが、フロリダでは酸性土壌よりアルカリ土壌で発生が少ないとされる。多肥栽培で増加し、カルシウムの増施で減少したという報告もある。「ケント」の果実成分を調べたところ、障害果はカルシウムとマグネシウムの含量が低く、とくに果頂部はカルシウムが少ない。また、品種によっても発生程度が異なり、「ケント」は発生しやすい品種である。「キンコウ」なども収穫が遅れると発生することがある。微量要素を欠乏させないこと、とくにカルシウムの欠乏を防ぎ、適期収穫に努める。

写真48　表皮から細胞液がにじみ出るヤニ果実

③ スポンジ果肉症

果肉崩壊症の一種で、果肉がスポンジ状になる。果肉は酸味が強く、食用に向かない。発生原因は不明であるが、果頂軟化症と同様な環境要因で発生することから、栄養状態のバランスの維持と適期収穫に努める。カリ肥料の多施用はカルシウムの吸収を阻害するのでよくない。

写真49　土壌水分の急激な変化や温度変化による裂果（品種「玉文」）

④ゼリーシード

成熟果実の内果皮（核）の周辺がゼリー状になる症状で、進行すると果肉全体がゼリー状になる。本症状でも異臭が発生し、食用には向かない。果実の熟度が進むにつれて発生が増え、「トミーアトキンス」「キンコウ」で多い。「キンコウ」は八～九分熟度でやや早めに収穫し、エチレンガスで追熟促進させると発生を抑えられる。

⑤へた空洞症

成熟果のへた部と内果皮（核）との間に空洞ができる症状。空洞部分の果肉は灰褐色に変色し、その他の部分は正常果肉よりも軟らかくなり、酸味があり、異臭がする場合もある。原因は不明だが、収穫前の降雨（多灌水）や収穫遅れ、シーズン終わりの果実で発生が多いといわれる。収穫時にへた部を指先で押して確認するが、経験が必要である。

⑥裂果症

果実肥大後期から熟期にかけて発生する（写真49）。土壌水分の急激な変化や、果実肥大適温（二三℃以上）から二〇℃以下に急激に温度が下がった場合に裂果する。細菌性の病害による果皮の傷口からも裂果しやすい。果皮病害の防除と果実肥大に最適な土壌水分と温度を維持する。

6　品種更新、改植は思い切って早めにやる

(1) 定植後一〇年過ぎたら改植

マンゴーの栽培は定植して五年間は、これほど楽しいものはないといわれる。若い樹で根が浅く、日照条件もよいので花芽がよくつき、結実性もよくて、大きな果実が収穫できるからである。しかし、五年目くらいから枝葉が繁茂して込み合ってくる。直根も地中深く伸びて樹勢も強くなり、花が着きにくくなる。すると結実量も少なくなって、ますます栄養成長に傾く。それでも、何とか整枝・せん定、施肥、灌水を駆使して果実生産を続けられる。だがそれも一〇年まで。さすがに一〇年を過ぎると樹はどうにもこちらのいうことを聞かなくなり、暴れ放題になって結実が遠のく。こうなったらあとは改植しか手がなくなる。

(2) 高接ぎより苗木で品種更新

例えば、今あるアーウィンに加え、出荷期間の延長を考え、晩生品種を導入したいとなった場合、

高接ぎして一挙更新するのがよいか、苗木を植え直すのがよいか迷う。一般の果樹では、確かに高接ぎ更新したほうが早く新しい品種を収穫できる。しかしマンゴーの場合、成木になると根は深く伸びて、樹勢のコントロールが難しい。これに接ぎ木をして、誘引やせん定で苦労して成らせるより、初めから苗木でリスタートしたほうがはるかにラクである。

あらかじめ三年生程度の大苗を育成しておけば、樹の生育の早いマンゴーは翌年から果実生産が可能となる。

(3) 大苗利用でローテーション栽培も

沖縄県北部で大規模栽培している農家では、あまり整枝・せん定などで苦労せず、栽培しにくくなったら思い切って更新するローテーション栽培をしている。

前述のように、マンゴーは五年程度まではそんなに苦労なくつくれる。そこでその間にできるだけ多く収穫し、栽培しにくくなってきたら、別に用意していた大苗に改植するのである。このために、大城さんは計画的に苗木を生産している。冬季に暖房設備のいらない沖縄ならではのやり方である。

写真50　80l 容器のポット栽培
もっと小さな30l，40lの容器でも可。

7　ポット栽培の実際

(1) 地植えより結実が容易

沖縄の先駆的農家は、尺鉢で結実している県試験場のマンゴーを見て、その栽培の実現を確信している。

筆者も、鹿児島農試の奄美分場で尺鉢のアーウィンが成っているのを見て、灌水装置さえあれば数年間結実させられるのかと驚いた経験がある。さらに、鹿児島大学の石畑先生が約八〇lの大鉢でマンゴーを結実させているのに触発され、和歌山県古座川町にあった山村産業試験場（当時）のビニルハウスで、四〇lの漬け物用プラスチック鉢に約三〇品種のマンゴーを栽培し、結実させることができた。現在も、石垣市のビニルハウスで八〇lのプラスチック鉢に海外から約八

○品種導入して試験栽培しており（写真50）、一部の品種で結実させている。

また鹿児島県のある農家は、火山灰土壌でのマンゴー栽培に失敗したあとにポット栽培に切り替えて成功したといっている。

このように、根が深く伸びて結実させにくいマンゴーも根域制限できるポット栽培だと、意外に容易に結実させることができる。

（2）ポット、用土などの準備

ポット栽培でもっとも重要なのは、排水性のよい培地を用いることである。できるだけミネラルを多く含んだ山土（モンパ病やフィトフトラ根腐れ病菌を含んでいない）を用意し、完熟した有機質（バーク堆肥やピートモス）を同比率で混合する。これだけでは目詰まりして酸素欠乏になりやすいので、大粒パーライトを混合培土の半量混ぜて使用する。

ポットには、栽培スペースや目的（家庭鑑賞用など）によって四〇l以上のプラスチック鉢、不織布鉢、素焼きの鉢などを用いる。

ポットの底部には排水用の大きめの穴を開け、発砲スチロール製の緩衝資材や小石などを敷いた上に培土を入れる。ポット底部に水が溜まると根腐れの原因となるので注意する。排水穴が詰まらないように、ポットの底は直接地面に置かない。こうすると穴から根が外に出て根づくことも防げる。

ポット栽培の必需品は灌水設備である。市販のタイマー付き灌水セットを利用する。ドリップ方式（写真51）やミニスプリンクラー方式などいろいろなエミッター（灌水用水の出口）があるが、ポットの土壌表面が全面水をかぶるようにすれば、施肥した肥料などが均一に溶け出す。

品種は、もっともポピュラーで結実性もよいアーウィンが無難である。わい性台木があればよいが、現在は従来の台湾在来種子の台木に接いだ好みの大きさの苗木を用いる。ミツバチやハエなどが開花期に飛んできて受粉するので、異品種はとくに必要ない。

写真51　ポット栽培ではドリップ灌水装置が便利

(3) 初めは樹形をつくる

ポットへの定植は温度の高い時期が望ましい。秋に定植すると低温期に向かうため、新梢が発生せず、樹冠の拡大による葉数増加が望めない。それでも冬季に涼しい温度で越冬すると花芽分化して、春にはほとんどの枝の頂芽から発蕾してくる。花が出てくれば結実させたい。結実すると摘果できなくなり、樹がなかなか大きくなれない。植付けは地温が二〇℃以上になってから行ない、夏に三回くらい新梢を発生・伸長させてまずは樹冠を拡大する。

植え付けたら地上五〇㎝で切り返し、主幹から強い新梢を三本選んで三方向に伸ばす。新梢が軟らかいうちに三〇度くらいの角度に誘引して、主枝の分岐角度を決める。第一回目の新梢（主枝）が成熟して頂芽から新梢が発芽し始めたら、この新梢を根元から切り取り、複数の新梢を再度発芽させる。三本以上発芽するので（写真52）、強い枝二本だけを残して亜主枝とする。この作業をくり返すことで、多数の枝を確保することができる。放任しておくと、主幹から三本の長い主枝が伸びてしまうだけである。

写真52　3本新梢が伸びたなかから強い枝2本を残し，亜種枝とする

(4) 翌年には一ポット一～二果収穫できる

順調に生育させれば、翌年には一～二個の果実を結実させられる。三年目には五個、四年目には一〇個程度を結実させることができる。四㎡に一個のポットを置くとすると、一〇aで二五〇鉢。

二五〇〇個の果実が採れる。一個一〇〇〇円で売れたとして二五〇万円になる。

筆者が行なった八〇ℓ鉢を使った栽培試験では、定植三年目の今年（二〇〇七年）に一樹当たり二〇個（七・五kg）の収量を得ている。

前の年の五月十一日に切り返しせん定と施肥、灌水を行ない、五月十九日に新梢を発芽させた。七月十七日に二回目の発芽が見られたあと、この新梢がまだ黄緑色の状態だった七月十八日に植物生長調節剤（パクロブトラゾール一五〇〇ppm濃度の水溶液を使用。ただしわが国では未登録）を葉面散布し、そのまま休眠状態を保った。十二月十一日に発芽促進剤としてチオ尿素〇・五%水溶液を葉面散布し、十二月下旬から花芽を発芽させ、今年二月中旬から開花を始めたときにハエをハウス内に放飼した。灌水は毎日ドリップ方式で十分な土壌水分を保つように行なった。

以上が一年の管理だが、六月から七月にかけての収穫で前述の収量が得られた。一果重は三七五g程度、糖度は一五度前後だった。

右のやり方では試験場における植物生長調節剤の試験的散布など行なっているが、それを除けばとくに変わったことはなく、ふつうに管理すればよい。

(5) 施肥などの管理

直径三〇cm程度の小ポットでは、長期緩効性肥料（エコロング二七〇日タイプ）を年に二回、二月と七月頃に施用する。一回の施肥量は土一lに対して年間チッソ一～五g（苗の大きさで加減する）とする。

直径三〇cm以上の大ポットでは、上記の長期緩効性肥料でもよいが、肥料代を節約するためにIB化成（価格はエコロングの約半分）を使う。IB化成は緩効性であるが、夏の高温期は約三ヵ月程度で全部溶け出してしまうので、年間四回に分けて施用する。土一lに対して年間チッソ一～五g（苗の大きさで加減する）を施用する。

特大ポットは容量一五九lなので、IB化成（一〇－一〇－一〇）であれば年間〇・七五～一・五kgとなる。

なお、マンゴーの根はポットの側面で多くなり、その圧力でポットが裂けてくることがある。灌水した水が流れ出るので、こうなったら、ゆっくりと少量ずつ灌水しなければならない。裂け目からの水の蒸発を防ぐ対策がとれるならこのまま栽培できるが、鉢が裂けてきたら鉢増しをするべきである。

ポット栽培は土壌乾燥ストレスを与えやすいので、秋芽の発芽を防ぎやすく、花芽の着生についてはあまり心配はいらない。収穫後に、二節程度の強い切り返しをやり、再度二節新梢を伸ばしてから着花させることを繰り返すなら、理論的には樹は同じ大きさのまま維持できる。

8　農家の経営事例

(1)「ポトリ果マンゴー」をインターネットで販売　沖縄県・石垣島果樹生産出荷組合

島田長政さん、金城哲浩さん（九七ページでも紹介）、川満哲生さんたち三人の完熟マンゴー出荷組合である。彼らは、宅配便を利用した産地直送型販売の日本のパイオニアである。三人は当初、石垣島で日本一早い時期に収穫できるビワの生産に取り組んだが、高温と強日射による果実の生理障害のため途中で生産を断念せざるを得なかった。しかし、マンゴーの完熟果実に「ポトリ果マンゴー」という商標登録を取り、全国に先駆けて宅配することで成功を収めた。現在でも彼らのマンゴーを求めるお客さんがあとを断たない。

○

リーダーの島田さんの話によると、一九八〇年頃にマンゴーの苗木が石垣市から配布されたそうで、島田さんも一九八三年に八〇本の苗木の配布を受け四〇〇坪のハウスに植えた。このとき、苗木一本に対し穂木を五本返すという条件だったという。

苗木は台湾系移民によりもち込まれたもので、現在の嵩田《たけだ》植物園がそれを養生して農家に配布し

写真53　島田さん夫妻

た。当時はアップルマンゴーということで導入されたが、アップル、イコール赤いマンゴーという誤解から「アーウィン」以外のマンゴーも混じっていたようで、中には結果しない苗もあったそうである。

島田さんは植え付けた翌年の一九八四年に数個の果実を収穫し、そのさらに翌年にはもう沖縄本島の万座ビーチホテルでの販売にこぎつけている。しかし次の年、沖縄本島でウリミバエ根絶宣言が出されたため、石垣島からの出荷は困難になった。やむなく島田さんは果実を蒸熱処理して出荷するようにしたが、機械が小型で一度に六〇kgしか処理できず、フル稼働しても出荷できる果実は限られていた。ようやく一九九三年に石垣島でもウリミバエが根絶され、それからは蒸熱処理せずに本土へ出荷できるようになった。

そんなとき、輸入マンゴーとの差別化をするために面白い商標はないものかと仲間と酒を飲みながら雑談しているときに、島田さんが「ポトリ果マンゴーはどうだろう?」と提案した。かつて、台湾の人が八重山地域にパイン労働者として移民をしてきた時代に一緒にマンゴーの樹ももち込まれたという。しかし露地では滅多に成ることがなく、たまに実るくらいだった。島田さんの畑にもマンゴーの大木が以前あって、やはりほとんど結実しなかったが、あるとき偶然実ったのがポトリと地上に落ちて、食べたときのおいしさと感動が忘れられなかった。そのことから、ふと口をついて出た名前が「ポトリ果マンゴー」だったという。皆もこのネーミングに賛同し、一九九六年に商標登録された。

○

宅配は、(財)新農政研究所の実験的事業として始まった。各県から二名程度特色ある農家が選抜されて、農産物の販売実験が行なわれた際に島田さんも請われて参加した。そしてもっとも人気があり高く売れたのが島田さんのマンゴーだった。この当時のお客さんは今でも「ポトリ果マンゴー」のお得意さんである。石垣空港は狭くて航空貨物の積み残しが出たり、出荷時期に台風がきて飛行機が飛べないという不利も抱えている。しかし、島田さんたちは完熟マンゴーの卓抜なネーミングと安定した顧客に支えられ、不利をはねかえしている。ここ数年は新規の顧客に対応しきれない状況が続いている。

写真54　川満哲生さん

・島田農園：〒九〇七―〇〇〇四　石垣市登野城　TEL　〇九

八〇―八二―五八九五

・フルーツ園金城：〒九〇七―〇〇〇三　石垣市平得一二七三―四八九

・川満農園：〒九〇七―〇〇〇四　石垣市登野城　TEL〇九八〇―八三―〇二二三

(2)苗木生産と果実販売　日本一のマンゴー大規模経営　沖縄県・赤嶺光雄さん

赤嶺光雄さんは子どもの頃から畑仕事を手伝わされて育ち、農業に愛着を感じていた。親の代から豊見城村で生コン事業と農業の両方をやっており、赤嶺さんは生コン事業の後継者であった。

その後、一九八三年に豊見城村の八〇〇坪のビニルハウスにマンゴーを定植、一九八四年にはフィリピンから台木用種子三万個を輸入し、一九八五年に台湾の嘉義試験場で接ぎ木法を習得して接ぎ木をしたところ、八〇％以上の成功率であったことから、本格的にマンゴー苗木生産を始めた。またこの年には最初に定植したマンゴーがたくさん結実し、出荷。那覇市中央卸売市場で一五〇〇円／kgの高値で売れた。翌年、他の農家四人とＪＡにマンゴー部会を設立、東京市場へ出荷したが、沖縄のマンゴーはいつ入荷するかわからないのであてにできないと言われ、経営規模拡大の必要性を痛感したという。

そこで農地探しから始め、一九九三年に現在の国頭郡国頭村に二万六〇〇〇坪を取得し、一九九五年に一億二五〇〇万円を借り入れて第一期工事として一万坪のビニルハウスを建設し、マンゴーを定植した。一九九八年には第二期工事として六〇〇〇坪のビニルハウスを二億円余り借り入れて建設し、マンゴーを定植した。さらに二〇〇二年には第三期工事として二八〇〇坪の苗木生産用ビニルハウスも建設し、年間約一万五〇〇〇本のマンゴー苗木を生産している。このマンゴー苗木の生産にはみずからがフィリピンのルソン島南部の村に出向き、パフータン（現地ではサパテーダと呼ばれる）という野生のマンゴーの果実を樹ごと買い付け、村中総出で約一週間のうちに果実を収穫、追熟・軟化、種子の洗浄をしてもらい沖縄にもち込んでいる。台湾の種子だと六月にしか入手できないが、フィリピンだと四月に入手でき、すぐに発芽させるとその年の冬に接ぎ木して出荷できるから有利である。

写真55　赤嶺光雄さん

赤嶺さんのサンヒルズでは常時一六名の雇用労働者で栽培管理から収穫まで行なっている。当初は自前で選別出荷していたが、選別が十分に行なえずクレームが相次いだことから、二〇〇三年からはＪＡの選果場に選別箱詰めを委託している。生産量の六〇％はＪＡに販売委託しているが、四〇％は自分の顧客へＪＡで箱詰めされたものを送付している。ＪＡ委託すると多少経費が割高になるが、これだけの経営面積になると、自分で選果箱詰めをやりきれないとのことである。

・**農業生産法人㈲フルーツファーム・サンヒルズ沖縄**（赤嶺光雄さん）

農園：〒九〇五—一四二五　沖縄県国頭郡国頭村字佐手七八八—二一　TEL・FAX〇九八〇—四一—五九五九
豊見城営業所：〒九〇一—〇二二三　沖縄県豊見城市字翁長六四六—五　TEL・FAX〇九八—八五六—二五〇三

(3) 脱サラでマンゴー栽培　鹿児島県・鍵山巳徳さん

鹿児島県指宿市の鍵山巳徳さんは以前は建築士をしていたが、平成十年に一五〇本のマンゴー苗木を購入して農業に転職した。この頃、農外から農業に新規参入する規制が緩和されたこともきっかけとなっている。

鍵山さんは当初から、着花安定と高糖度生産を目的にポット栽培（八〇*l*鉢）を行なってきたが、一〇年たってポットにヒビ割れが出てきたこと、ポットの高さが作業上都合悪く、そのぶん地面を掘り下げなければならないことなどから、地植えへの変更を計画している。この場合は防根シートを埋設しての移植となり、一樹当たりの土量は四〇〇*l*程度必要である。

マンゴーのハウスは薩摩半島のほぼ最南端の海岸部の高台に位置しているため、台風対策として鉄骨ハウスに硬質プラスチックを張っている。現在は二〇〇坪のハウスを三棟もち、二棟でマンゴーを栽培し、一棟では他の熱帯果樹を試験栽培している。このほか八五坪のハウスではお歳暮用に出荷するマンゴーの栽培試験もしている。マンゴーの本数は三〇〇本程度で、生産量は四t程度である。一〇〇坪のパイプハウスが二棟あり、一棟ではドラゴンフルーツ、もう一棟ではインドナツメやレイシ等の栽培を検討中である。

写真56　鍵山巳徳さん

販売は当初から宅配を利用した直販を行なっているが、今後は異なるマンゴーの味を知ってもらえる直売所をもって新たな消費者を開拓していきたいと考えている。試作品種も現在数十あり、そのうちから有望な一〇品種程度をしぼって生産量を増加させていくつもりである。

また、マンゴー以外の熱帯果樹についても販路を広げていきたいと考えている。そのために、年末に出すお歳暮用のマンゴーなどで高級果実専門店と取引をもち、そこでさらに他の果樹についても契約できるようになればと考えている。

・トロピカルファーム山川（鍵山巳徳さん）：〒八九一―〇五一一　鹿児島県指宿市山川福元三三六三―三　携帯TEL〇九〇―二五八一―〇四八八

(4) ハウスミカンから経営転換　減肥・節水栽培で安定二t　宮崎県・横山一徳さん

宮崎市の横山一徳さんは元はミカン農家であった。マンゴーを始めたのは一九八九年で、当時つくっていた二〇aのミカンハウスに加えて一〇aのAPハウスを増設し、ここにアーウィンを定植した。ハウスミカンで十分に収入が上がっていた時期にあえてマンゴーを導入したのは、沖縄産のアーウィンを食べて、とてもおいしく味が気にいったからだったという。二〇〇四年にはマンゴー専業に移行し、現在は風速四〇mに耐える耐候性ハウス二棟とAPハウス三棟の計五六aを、夫婦二人で栽培している。

横山さんの園地は宮崎県の中央部に位置し、冬季の最低気温は二〜三℃になる。土壌は三期層土壌で浅く、土壌pHは五・五〜六・〇である。地下水を灌水用に利用している。横山さんのこだわりは、色も味もよいマンゴーを栽培することである。そのために肥料と灌水量は樹がストレスを感じない程度に最小限にとどめ、樹間および枝間に空間をつくって光線を樹冠内部まで入れるようにしている。また、その年に感じた栽培上の疑問については、翌年には解決するよう実験を試みている。

写真57　横山一徳さん

収量は現在安定して一〇ａ当たり二ｔを超え、地域のモデル的な農園となっている。販売はすべて宮崎県のＪＡを通じた系統出荷である。

・横山一徳さん：〒八八〇―二一一四　宮崎市大字富吉二六八五　TEL〇九八五―四七―〇八七四

(5) 有機減農薬、わけありマンゴーを個人出荷　和歌山県・的場秀行さん

和歌山県有田市の的場秀行さんは一九八九年にマンゴーに取り組みはじめた。それまではやはりハウスミカンをつくっていた。しかしハウスミカンにメロンのような高級感がなくなり、価格も下がってきていたことから転換作物を探っているときに、近畿大学湯浅農場でマンゴー栽培に成功した新聞記事を見た。さっそく同農場を訪ね試食させてもらった完熟マンゴーの味が忘れられなくて、マンゴー栽培に転換した。

的場さんは現在二〇ａのマンゴー（うち未成園一三ａ）のほか、露地で温州ミカン一・四ha、ハウスで不知火を二二ａ、清見を二〇ａ栽培している。マンゴーの収穫時期は六月下旬から八月下旬

写真58　的場秀行さん

にかけてであり、現在七ａで毎年一・二〜一・六ｔを収穫している。

的場さんは有機肥料のみ使用するとともに減農薬栽培を行なっている。また、敷きワラをすることで除草剤を使用していない。収穫が遅く、九月に入ってからのせん定だと翌年の着花がよくないため、せん定時期を早める必要がある。また、ミカンの摘果とマンゴーの収穫が重なるため、この問題も解決する必要がある。未成園一三ａは防根シートを埋設して栽培しており、一・五ｍまでの超低樹高栽培で栽培労力の軽減を図りたいという。

販売は当初、市場出荷が主だったが、現在はほとんどを直売している。またケーキ材料として京阪神地域にも出荷している。

・**的場秀行さん**：〒六四九―〇四三三　和歌山県有田市宮原町須谷二六八　TEL〇七三七―八八―七七三五

(6) チェリモヤのハウス栽培から転換　和歌山県・瀧本善夫さん

和歌山県日高郡日高町の瀧本善夫さんもミカン農家である。施設栽培は最初、チェリモヤを始めたが思ったような収益が上がらず、たまたま試食した国産完熟マンゴーが大変美味であったことから、一九九四年に切り替えた。現在は二〇aのビニルハウスでマンゴーを栽培している。

栽培を始めた当初は幼樹が枯れ戻る症状（一五二ページ参照）で大変苦労したが、枯れ枝や落ち葉はすべて園外にもち出して焼却し、せん定時にはハサミと殺菌剤（塩素系漂白剤）を同時にもち歩き、つねに消毒しながらせん定作業をすることで、枯れ戻り症状は克服でき、出荷後のクレームでもっとも多い軸腐れ病の被害も減少した。また地表面にサトウキビの絞りかす（ケーントップ）を一〇a当たり一t程度敷きつめ、土壌水分保持と防草に役立てている。樹高を一・五m以下に抑えた整枝法で、八月下旬から九月中旬に収穫する省エネ型の抑制栽培を行なっている。もう一ヵ月早く収穫すれば隔年結果も少なくなるはずだが、糖度の高い果実を生産するには現在の抑制栽培のほうがよいと思っている。このため収量は一〇a当たり平均で一t程度である。

今後の目標は、マンゴーで一〇〇〇万円以上売り上げることである。現在はインターネットなどによる直売が中心で、その他に菓子やケーキの材料としてホテルなどに出荷している。労働力は夫婦二人だけで、露地栽培の温州ミカン一・五ha、中晩柑（不知火、イヨカン、清見、セミノール、甘夏）二・五haを栽培している。

・**瀧本善夫さん**：〒六四九―一三二三　和歌山県日高郡日高町小熊六一九三―一　TEL〇七三八―二二―七七七〇

写真59　瀧本善夫さん

(7) 寒冷地での試験栽培　北海道・㈲神内ファーム21

北海道樺戸郡浦臼町にある㈲神内ファーム21では二〇〇三年に熱帯果樹温室（バナナなど）を竣工し、二〇〇五年からマンゴーのポット栽培を開始して二〇〇六年にアーウィンとナムドクマイの収穫に成功した。二〇〇六年は一月に開花させ、五月に収穫した。二〇〇七年も五月に収穫し、市場関係者に試食してもらった結果、外観、味ともに宮崎や鹿児島産と遜色ないとの評価を得た。北海道では日照時間が短いため成熟に期間を要するが、糖度は上がる。また、太陽光線が強くないために肌つやのよい果実ができるなどの利点があるという。一方で、暖房費用がかかる欠点もある。夏季に気温を下げられる利点を活用し、八～九月に開花させて年末出荷が可能になれば、有利販売できる可能性もある。

・㈲神内ファーム21：〒〇六一―〇六〇〇　北海道樺戸郡浦臼町字オサッナイ三一五―一三一
TEL〇一二五―六七―三三〇一　FAX〇一二五―六七―三五五〇
http://www.jinnaifarm21.co.jp/

第6章 マンゴーの料理、利用法

1　おいしい食べ方

(1) 家庭での追熟法

夏季に購入する場合は室温（二五〜三〇℃）で追熟させる。しかし、気温が低いときに購入した果実はできるだけ高温（二五℃以上）においてやる必要がある。追熟処理では果実をポリ袋か紙袋に入れて軽くフタをして果実の表面が乾燥しない程度に湿度（八五〜九五％）を保ってやればよい。「キーツ」など追熟に時間を要する品種は、湿度を保たないと果皮がしおれてきて、果実の軟化が順調に行なわれない場合がある。キーツの場合はリンゴなどエチレンを出す果実と一緒にポリ袋に入れて追熟させると軟化に要する期間が短くなり、果皮のしおれも少なくてすむ。

宅配便で送られてきたアーウィンならば、開封時にすでに食べ頃になっている場合が多く、もしも果実が少し堅いようならば、そのままフタを閉めて室温に置いて果実にやや軟らかみを感じるまで待つ。

表19　マンゴー果実追熟中の性状変化

追熟日数	果肉の硬さ	果皮色	追熟の状態	可溶性固形物(Brix)	果肉酸度(%)	果肉還元糖(%)	果肉非還元糖(%)	果肉全糖(%)
1	非常に硬い	緑	未熟	8.0	2.67	2.60	0.82	3.46
3	硬い	緑	未熟	9.5	2.68	3.04	4.32	7.58
6	やや軟らかい	淡緑	やや熟	13.0	2.18	6.07	3.06	9.85
9	軟らかい	緑黄	完熟	18.0	0.63	5.36	5.01	10.62
12	非常に軟らか	黄	やや過熟	19.0	0.20	3.38	8.66	13.47
16	崩壊	橙黄	過熟	19.0	2.08	3.40	11.65	15.64

注）追熟温度：26±2℃，相対湿度：45～75％，品種：アルフォンソ。
Mizuta, T. and H. Subramanyam. 1978. Changes in pectic and cellulosic constituents in Alphonso and Pairi mangoes (*Mangifera indica* L.) during postharvest ripening. Jpn J. Trop. Agr. 21:213-220 より。

(2) 食べごろの判定法

果実をもってやや軟らかさを感じるくらいが食べ頃である。この頃になるとアーウィンでは果皮にワックス状の粘りが出てべとべとした感じになる。このワックス状の粘りが出ると甘い香りが急に強くなり、食べ頃であることを知らせてくれる。ただし、温湯処理された輸入アーウィンではこのワックス状の粘りが出ることは少ないので、触感で軟らかみを判断して食べる。輸入マンゴーで十分に軟らかくなっていない果実では、果肉中にデンプンが残っていて、デンプン臭を感じておいしくない（表19）。

(3) 果実の切り方

果実は魚を三枚におろす要領で、種子ぎりぎりのところを切る。次に中央の種子の部分は、まず果皮をむき、種子のまわりに着いている果肉を包丁でそぎ取る。二枚の果肉の部分は、果皮をむき適当な大きさに切って、皿に盛りつける。
または果皮をつけたまま縦に四つ割りし、果肉部だけに数ヵ所の切り込みを垂直に入れて果皮を下にして皿に盛る。

2 マンゴーのいろいろな調理法

(1) アイスクリーム

過熟気味で出荷できない果実の果肉を有効に活用する。本州最南端の和歌山県串本町で、町おこし事業として設立された「夢の大島」でマンゴーアイスクリームを販売したところ、大人気であった。マンゴーのトロピカルな風味を味わうには多少マンゴー臭の強い品種がよい。

冷凍マンゴー果肉四〇〇g、砂糖1／2カップ、マンゴーのネクター1／4カップ、生クリーム三〇〇mlを用意する。

1 解かした冷凍マンゴーをボウルに入れ、砂糖とネクターを加えて、よく混ぜ合わせる。
2 軽くホイップした生クリームと**1**をていねいに混ぜ合わせる。

3　2をトレイに移し、カバーをして半冷凍状になるまで冷やす。

4　3をすばやくミキサーにかけ、滑らかな状態になるように仕上げる。

5　4をふたたびトレイに移し、完全に冷凍する。スライスしたマンゴー果肉を添えて出す。

(2) プリン

ホンコンで中華料理として日本からの観光客の間で有名になった。

追熟させて食べ頃となったマンゴー果肉三〇〇g、レモン果汁小さじ1、グラニュー糖三〇g、牛乳五〇cc、粉ゼラチン小さじ1、八〇℃のお湯四〇cc、生クリーム五〇cc、ミント少々を用意する。

1　粉ゼラチンは八〇℃程度のお湯でしっかりと溶かす。

2　マンゴー八〇gを別にしておき、二二〇g程度の果肉とレモン果汁をミキサーにかける。

3　小鍋に牛乳とグラニュー糖を入れて火にかけ、沸騰直前に火を止めて1を加え、完全に溶かす。

4　生クリームを2のピューレ状のマンゴー果肉と同じ堅さに泡立てて、2と3を加えてよく混ぜる。

5　容器に4を流し込み、仕上げとして別にとっておいた果肉を乗せて冷蔵庫で冷やして固め、ミントを飾ってでき上がり。

(3) マンゴーシェイク

夏に楽しむグリーンマンゴーシェークである。東南アジア産の追熟前の堅いグリーンマンゴーの果肉で酸味のあるシェークを楽しめる。

追熟前の堅いグリーンマンゴー一個、ハチミツ大さじ3～6、水一五〇～二〇〇ml、氷キューブ六～一〇個を用意する。

1 マンゴーは皮をはぎ、果肉をそぎ取ってミキサーに入れる。これに右のすべての材料を加えて一分間ミキサーにかける。マンゴーの熟度により甘みや酸味が異なるので、ハチミツの分量は適宜調節して好みの味にする。

(4) チャツネ

南アジア、西アジアの、マンゴーの果肉に酢、砂糖、香辛料を加えて煮たソース状の調味料。

マンゴー二〇〇g一個、ショウガ一かけ、カルダモンとブラックペッパーを適宜、砂糖はマンゴー果肉と同量、塩小さじ1/3、レモン果汁適宜

1　マンゴーの果肉をスライスする。
2　ショウガを千切りにする。
3　カルダモンを麺棒でつぶして外皮を取り除いて、中の種子だけを取り出す。
4　鍋にショウガを入れ、粗引きのブラックペッパー、砂糖、塩少々を入れ、**3**のカルダモンを入れ、レモン果汁を入れる。
5　そのまま火にかけ、全体をよくなじませる。
6　冷ましてから保存用の容器に入れる。時間がたつとジャムのようになり、常温で一年くらいもつ。

(5) カオニャオ　マムアン

カオニャオはタイ語でもち米、マムアンはマンゴーのことである。タイの伝統的なデザートで、熟したマンゴー果肉ともち米ご飯をココナッツミルクで食べる。タイの家庭を訪問したときにこのデザートが出てくると歓迎されている証拠だと聞いたことがある（写真60）。

四人前の材料として、もち米二合、ココナッツミルク四〇〇g、砂糖一四〇g、塩小さじ1、上新粉少々、追熟させて食べ頃となったマンゴー四個を用意する。

1　もち米を一晩（約八時間）水に浸しておこわを炊く。

写真60　タイの伝統料理カオニャオ　マムアン。もち米とココナッツミルクソースを合わせて食べる

2 鍋にココナッツミルク三〇〇gを入れ、砂糖一〇〇gと塩小さじ1を入れて煮る。沸騰したら火を止める。

3 炊いたもち米に**2**をかけてさっくりと混ぜる。

4 鍋にココナッツミルク一〇〇gと上新粉少々、砂糖四〇g、塩少々を入れ、きれいに溶けてから火にかけ、とろみのあるココナッツミルクソースをつくる。

5 お皿に切ったマンゴー果肉ともち米を盛りつけ、たっぷりとココナッツミルクソースをかけてカレーのように食べる。

デザートというよりも簡単でおいしい弁当として大都会のオフィス街で販売したら結構売れると思う。甘党の著者は大好物である。

(6) グリーンマンゴーピクルス

メキシコや台湾料理の一つで、未熟なマンゴーを使ったピクルス。

未熟なマンゴーの果肉一〇〇gと、塩少々、レモン果汁一個分または同量の酢を用意する。

1 果肉をスライスする。

2 酢、レモン果汁、塩、好みにより砂糖またはハチミツを混ぜてもよい。

3 **2**に**1**の果肉を漬け込む。浅漬けが好みの場合はすぐに食べられ、冷蔵庫で約一週間保存可能である。

あとがき

食の国際化が進み、いろいろな輸入フルーツが流通している。二〇〇〇年からは生鮮食品の原産地表示が義務化されたので、マンゴーにもメキシコ産とかブラジル産と表示されており、デパートの果実売り場をみるのが楽しくなってきた。しかし、本当の味を味わうには、収穫期に原産地に行って食べ頃の果実を食べるのが一番である。わが国ではまだまだマイナーな特産果実であるが、せめてその国内の生産地を訪ねて生産者が自信をもって提供する熱帯果実を一度は味わってもらいたいものだ。そうすることで自分でも栽培してみたいと思う人が増えれば、お互いに知識を共有しながら、国内での生産技術をさらに深めていくことができる。

実際にわが国でも熱帯果樹栽培を目指す仲間の勉強会が開かれる時代がくればよいなと著者は願う。しかしいま現在、日本には熱帯果樹の栽培研究の本拠地となる機関は存在せず、専門知識を有する研究者もほとんどいないので、その栽培を目指す者にとっては基礎的な知識を得る場がないのが現状である。本書がその火付け役となれればと期待している。

最後になったが、著者が三〇年近くにわたって熱帯果樹の栽培研究を行なうなかで、諸先輩方をはじめ、農家や関係機関の方々から多くのことを学ばせていただいた。ここに記して深く御礼申し上げたい。とくに鹿児島大学名誉教授の石畑清武氏、元沖縄県農業試験場名護支場長の安富徳光氏からは、わが国におけるマンゴー草創期の栽培研究のご苦労を見せていただき、熱帯果樹栽培研究に取り組む勇気を与えていただいた。

本書をまとめるにあたり大変お世話になった農文協編集部ならびに独立行政法人　国際農林水産業研究センター　熱帯・島嶼研究拠点の松浦秀子、木内久美子の両名に厚く御礼申し上げる。

米本仁巳

著者略歴

米本　仁巳（よねもと　よしみ）

昭和29年、和歌山県生まれ。昭和48年、国際農業者交流協会の研修生として渡米。研修終了後、カリフォルニア州立ポリテクニック大学パモナ校卒業。
昭和56年に帰国後、和歌山県農業大学校、同県果樹園芸試験場などを経て、現在、独立行政法人　国際農林水産業研究センター　熱帯・島嶼研究拠点（沖縄県石垣市）に勤務。著書に、『アボカド』（農文協刊）がある。

平成14年　学位取得（近畿大学、農第61号）。
平成18年「温帯における熱帯果樹の導入及び栽培に関する研究」で日本熱帯農業学会研究奨励賞を受賞。

◆新特産シリーズ◆

マンゴー

完熟果栽培の実際

2008年1月25日　第1刷発行
2022年9月25日　第9刷発行

著者　米本　仁巳

発行所　一般社団法人　農山漁村文化協会
郵便番号 107-8668　東京都港区赤坂7丁目6-1
電 話 03(3585)1142(営業)　03(3585)1147(編集)
FAX 03(3589)3668　振替 00120-3-144478
URL https://www.ruralnet.or.jp/

ISBN 978-4-540-07266-6　DTP制作／ふきの編集事務所
〈検印廃止〉　印刷／㈱新協

製本／根本製本㈱
Printed in Japan　定価はカバーに表示
乱丁・落丁本はお取り替えいたします

地域の宝を掘り起こす

新特産シリーズ

ウコン
秋ウコン・春ウコン・ガジュッツの栽培と加工・利用
金城鉄男著
１４２９円＋税
健康機能性が人気のウコンの栽培から粉末加工、販売まで。新しい増収技術や栽培農家事例も掲載。

ヤマウド（オンデマンド版）
栽培から加工・販売・経営まで
小泉丈晴著
１７００円＋税
独特の食感と旬の香りが人気の山菜野菜。促成・半促成・露地での栽培法から加工、調理まで。

コンニャク
栽培から加工・販売まで
群馬県特作技術研究会編
２４００円＋税
歴史から植物特性、安定栽培の実際、種イモ貯蔵、病害虫防除、手づくり加工、経営まで網羅。

ヤーコン
健康効果と栽培・加工・料理
㈳農林水産技術情報協会編
２０００円＋税
糖尿病や生活習慣病、ダイエットにも期待される注目の健康野菜。機能性、栽培法から利用まで。

黒ダイズ
機能性と品種選びから加工販売まで
松山善之助他著
１５７１円＋税
食品機能性豊富な黒ダイズの栽培法から加工まで。最近話題のエダマメ栽培や煮汁健康法も解説。

野ブキ・フキノトウ
株増殖法・露地栽培・自生地栽培・促成栽培・加工
阿部清著
１６６７円＋税
香りや食感が人気の山菜。不定芽誘導法・地下茎分割法での計画的な増殖養成、栽培、加工を詳解。

雑穀
11種の栽培・加工・利用
及川一也著
２０００円＋税
ヒエ、アワ、キビ、モロコシ、アマランサス、ハトムギ、ゴマ、エゴマ、シコクビエ、キノア、トウジンビエを詳解。

赤米・紫黒米・香り米（オンデマンド版）
「古代米」の品種・栽培・加工・利用
猪谷富雄著
１８００円＋税
水田がそのまま活かせ景観作物としても有望。色や香りを活かす栽培・加工・利用法を一冊に。

日本ミツバチ
在来種養蜂の実際
日本在来種みつばちの会編
１６００円＋税
ふそ病、チョーク病、ダニ、スズメバチや寒さに強い在来種の種蜂捕獲から飼育法、採蜜法まで詳述。

（価格は改定になることがあります）